OSSIP ZADKINE

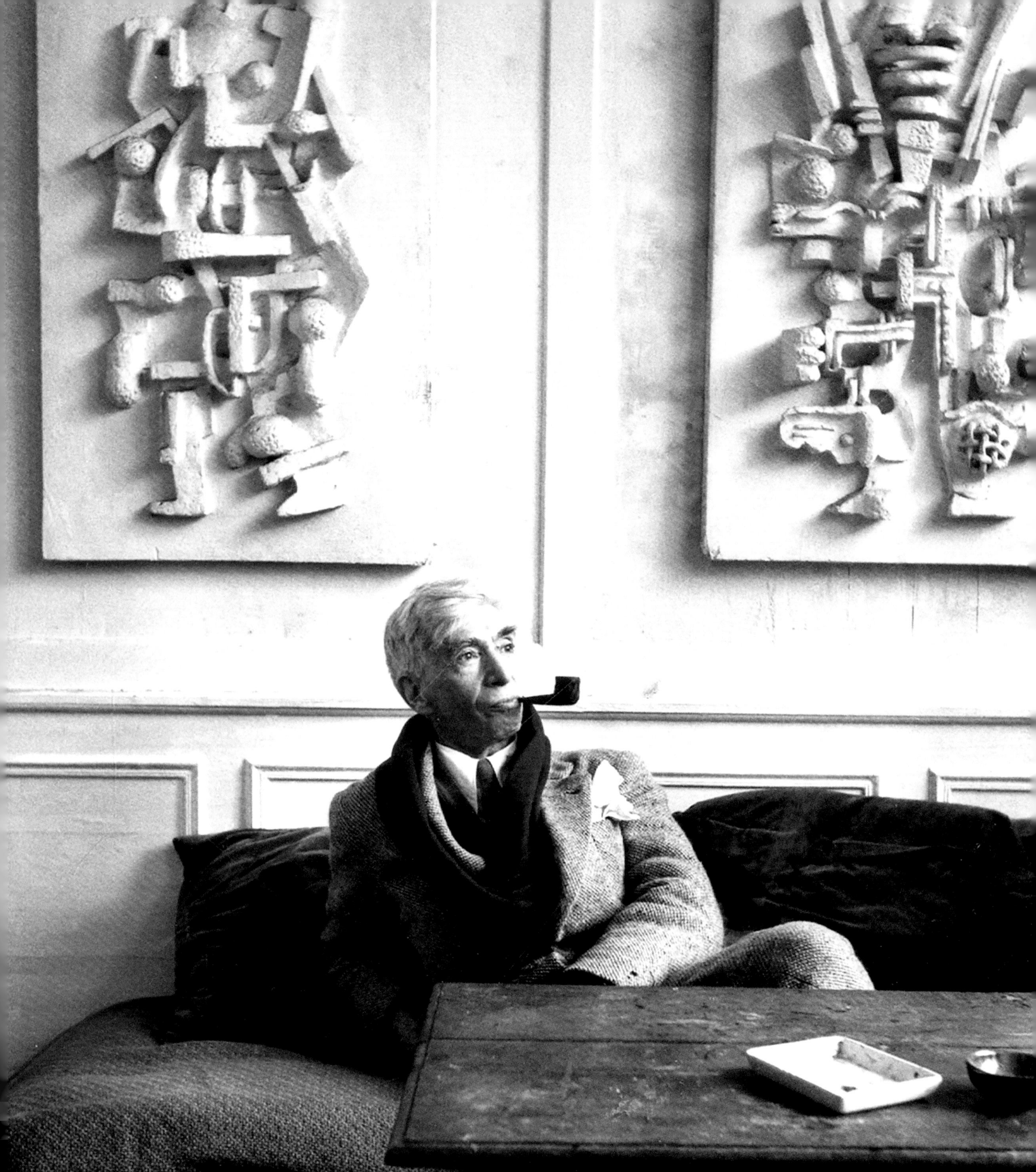

Ossip Zadkine poserend met pijp, Parijs, 1954 | Ossip Zadkine posing with pipe, Paris, 1954 (foto | photo: Piet Esser)

FEICO HOEKSTRA

OSSIP ZADKINE

MENS, MYTHE & METAMORFOSE

MAN, MYTH & METAMORPHOSIS

WAANDERS UITGEVERS, ZWOLLE
MUSEUM JAN, AMSTELVEEN

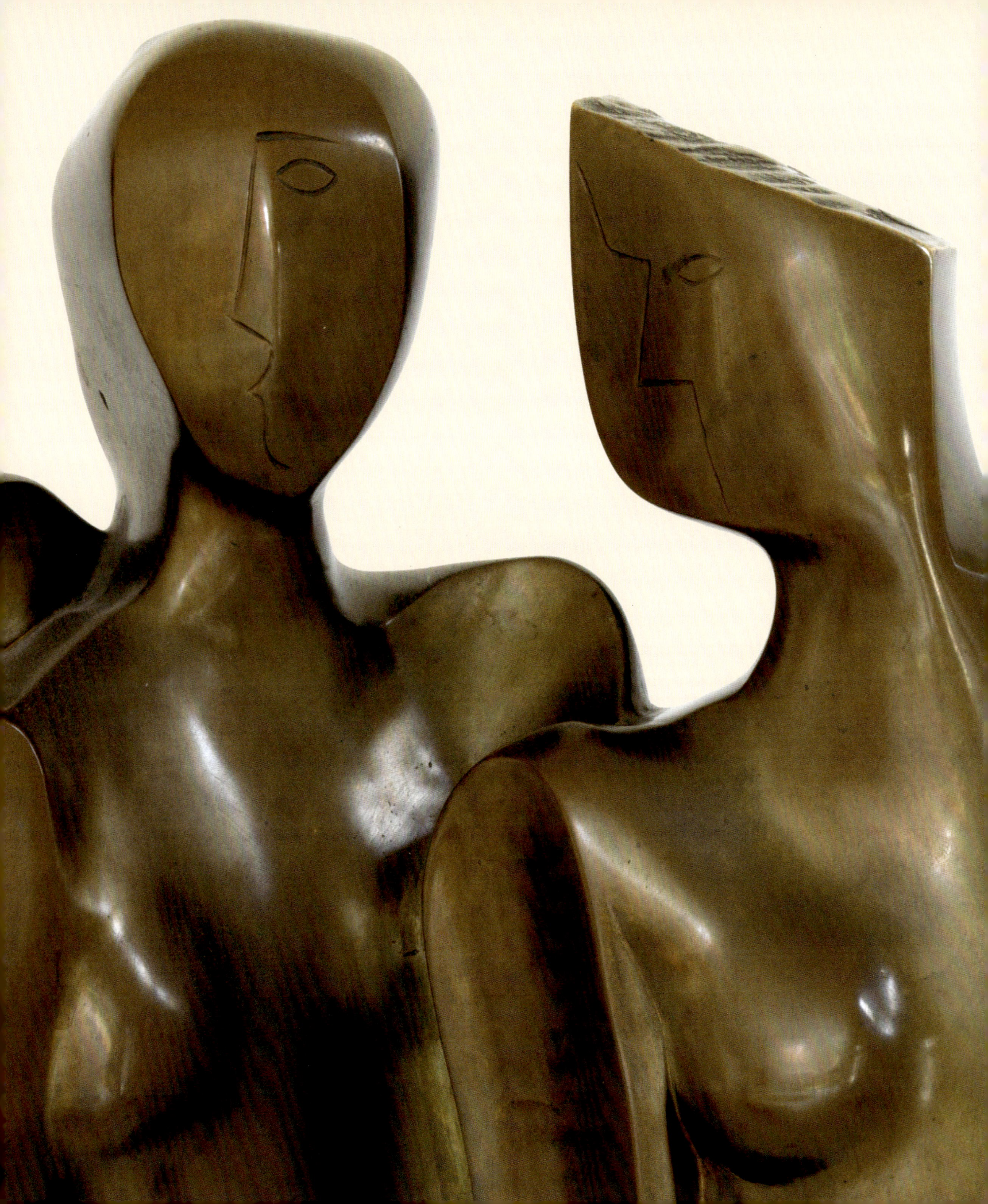

INHOUD | CONTENT

Zadkine's reliëf voor de nieuwe Tomado-fabriek in Etten-Leur, 1955
Zadkine's relief for the new Tomado factory in Etten-Leur, 1955
(foto | photo: Jacob Leendert du Parant)

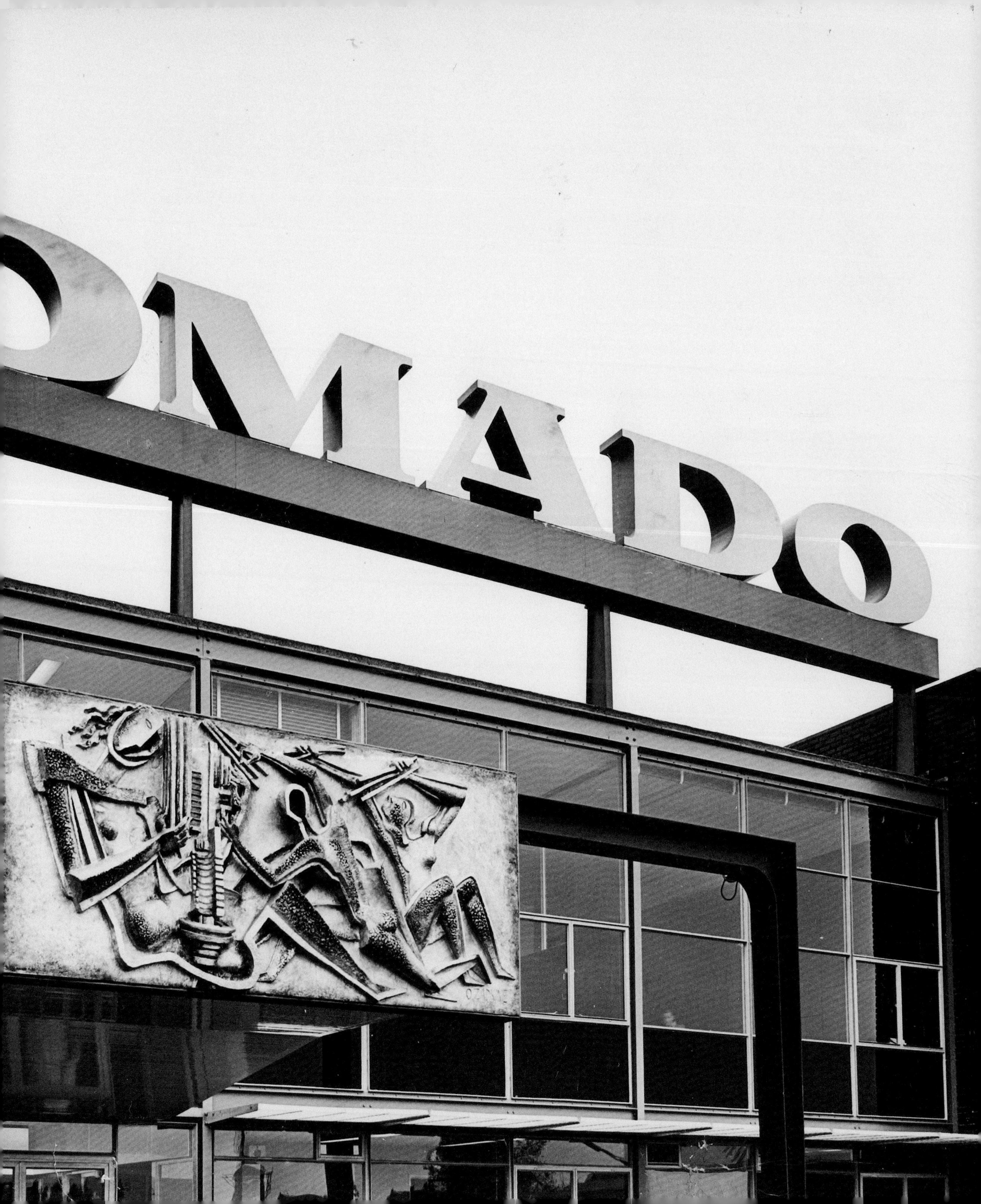
MADO

De Russisch-Franse beeldhouwer en schilder Ossip Zadkine (1888-1967) onderhield sterke banden met Nederland. Zijn oorlogsmonument *De verwoeste stad*, in 1953 onthuld in Rotterdam, is wereldberoemd en wordt algemeen gezien als zijn meesterwerk. Al aan het begin van de twintigste eeuw sloot Zadkine in Parijs vriendschap met Nederlandse kunstenaars als Otto van Rees en Charley Toorop. In 1925 was Han Wezelaar de eerste van vele Nederlandse leerlingen, onder wie later ook Lotti van der Gaag en Jan Wolkers. Na 1945 was zijn werk op bijna elke expositie van moderne beeldhouwkunst in ons land te bewonderen. Zijn eerste Nederlandse solotentoonstelling had Zadkine in 1948 in het Stedelijk Museum Amsterdam. Ook andere musea in Nederland toonden zijn werk, zoals Museum Boymans in Rotterdam, het Gemeentemuseum Arnhem en recentelijk nog Beelden aan Zee in Den Haag. Daarnaast waren er de vele particuliere verzamelaars in Nederland, onder wie de huisarts en schilder Hendrik Wiegersma uit Deurne en de Larense verffabrikant Pierre-Alexandre Regnault.

Iemand die zich eveneens interesseerde voor de kunst van Ossip Zadkine was de Nederlandse industrieel Jan van der Togt. In 1954 kocht Van der Togt van Zadkine het bronzen beeld *De drie gratiën*. Op advies van de Rotterdamse architect Hugh Maaskant had hij de beeldhouwer kort daarvoor tijdens een atelierbezoek gevraagd een monumentaal reliëf te maken voor boven de ingang van het nieuwe fabriekspand van Tomado in Etten-Leur, dat door Maaskant was ontworpen. Tomado's populaire designproducten van geplastificeerd staaldraad – wie kent niet de eenvoudige maar stijlvolle afdruiprekjes – sloten op een merkwaardige manier perfect aan bij de opengewerkte beelden die Zadkine in die tijd maakte. Zijn monumentale reliëf met een uitbeelding van gestileerde fabrieksarbeiders kreeg in de herfst van 1955 een plek aan de luifel van de entreehal in Etten-Leur. Zeventig jaar na dato bevindt het zich helaas aan de andere kant van de wereld, in een museum in Tokyo, maar *De drie gratiën* uit het privébezit van Van der Togt kwam wél terecht in het naar hem genoemde Museum Jan van der Togt. De aankoop van Zadkine's beeld markeert het begin van Van der Togts kunstverzameling en staat daarmee dus aan de basis van het museum, dat tegenwoordig bekend staat als Museum JAN.

The Russian-French sculptor and painter Ossip Zadkine (1888-1967) had close ties with the Netherlands. His war memorial *The Destroyed City*, unveiled in Rotterdam in 1953, is known around the world, and is generally regarded as his greatest work. In the early twentieth century, Zadkine struck up friendships with several Dutch artists in Paris, including Otto van Rees and Charley Toorop. In 1925 Han Wezelaar was the first of many Dutch students he would teach, who later also included Lotti van der Gaag and Jan Wolkers. After 1945 almost every exhibition of modern sculpture in this country included work by Zadkine. His first solo show in a Dutch museum was at the Stedelijk Museum Amsterdam in 1948. Other Dutch museums also showed his work, including Museum Boymans in Rotterdam, Gemeentemuseum Arnhem and, recently, Beelden aan Zee in The Hague. Many Dutch private collectors have bought his work, including doctor and painter Hendrik Wiegersma of Deurne and Laren paint manufacturer Pierre-Alexandre Regnault.

Another person who was interested in the art of Ossip Zadkine was Dutch industrialist Jan van der Togt. In 1954 Van der Togt bought Zadkine's bronze sculpture *The Three Graces*. Shortly before, he had visited the sculptor at his studio. On the advice of Rotterdam architect Hugh Maaskant, he asked him to create a monumental relief to be mounted above the entrance to the new Tomado factory in Etten Leur, which Maaskant had designed. Tomado's popular designer products made of plastic-coated steel wire – the company's simple yet stylish dish drainers are familiar to everyone in the Netherlands – were strangely in tune with the openwork sculptures Zadkine was making at the time. His monumental relief depicting stylised factory workers was mounted on the canopy over the main entrance in Etten-Leur. Seventy years on, it is on the other side of the world, at a museum in Tokyo, but *The Three Graces* from Van der Togt's private collection is now housed at the museum that was originally named after him, Museum Jan van der Togt. The acquisition of Zadkine's sculpture marked the start of Van der Togt's art collection, which makes it part of the foundations of the museum, now known as Museum JAN.

The exhibition 'Ossip Zadkine. Man, Myth & Metamorphosis' feels like the fulfilment of a promise. Sooner or later, an exhibition like this had to be held in Amstelveen. *The Three Graces* provides the starting point, the mythology. From the

De tentoonstelling 'Ossip Zadkine. Mens, Mythe & Metamorfose' voelt als het inlossen van een belofte. Vroeg of laat moest zo'n tentoonstelling er komen in Amstelveen. *De drie gratiën* reikte daarbij het uitgangspunt aan, namelijk dat van de mythologie. Van meet af aan liet Zadkine zich in zijn werk inspireren door de mythes uit de Griekse en Romeinse oudheid. Zijn oeuvre wordt bevolkt door mythologische figuren als Diane, Narcissus en Orpheus. In dat laatste personage herkende hij zichzelf. Want zoals Orpheus met zijn zang en muziek dieren, planten en zelfs stenen liet dansen, zo bracht volgens Zadkine een kunstenaar met zijn artistieke gaven de dode materie tot leven. Die scheppende metamorfose – de orphische gebeurtenis, om met Zadkine te spreken – staat centraal in de tentoonstelling in Museum JAN. Uit het feit dat deze kon worden samengesteld met louter Nederlandse bruiklenen, sculpturen zowel als schilderijen en grafiek, blijkt andermaal de innige relatie die er tussen de kunstenaar en ons land bestond en nog altijd bestaat.

Voor de totstandkoming van de tentoonstelling en deze catalogus wil ik allereerst de bruikleengevers bedanken die ons ook deze keer weer het vertrouwen hebben gegeven door hun even kostbare als dierbare kunstobjecten tijdelijk aan ons af te staan. Zonder hun genereuze medewerking was de tentoonstelling simpelweg onmogelijk geweest. Kunsthistoricus en Zadkine-kenner Feico Hoekstra dank ik voor het samenstellen en inrichten van de tentoonstelling en voor zijn rol als schrijver en redacteur van de catalogus. Studio Berry Slok, die inmiddels wel als huisstilist kan worden aangemerkt, nam de vormgeving van de tentoonstelling voor zijn rekening. De vormgeving van de catalogus was in handen van Harald Slaterus. Ook hen wil ik hier bedanken voor hun prettige en professionele bijdrage. Datzelfde geldt voor uitgever Marloes Waanders, die zich bereid toonde de catalogus in haar fonds op te nemen. Tot slot wil ik graag het museumteam bedanken, de staf en onze enthousiaste gastvrouwen en -heren. Met zijn allen hebben wij ons best gedaan om onze bezoekers een tentoonstelling te bieden die hen hopelijk veel plezier bezorgt en hen met een nieuwe blik doet kijken naar de kunst van Ossip Zadkine.

Marieke Uildriks
directeur Museum JAN

outset, Zadkine's work was inspired by the myths of Greek and Roman antiquity. His body of work is populated by mythological characters like Diane, Narcissus and Orpheus. He himself identified with the latter for, just as Orpheus induced animals, plants and even rocks to dance with his music and singing, Zadkine believed that artists brought dead material to life with their artistic gifts. This creative metamorphosis – the 'Orphic event', in Zadkine's words – is the focus of the exhibition at Museum JAN. The fact that we were able to put together the exhibition using only works on loan from within the Netherlands – sculptures, paintings and prints – is further evidence of the close relationship between our country and this artist and his work.

I would like to thank the lenders who have once more entrusted their valuable and beloved art objects to us, without whom this exhibition would simply not have been possible. Thanks to art historian and Zadkine expert Feico Hoekstra for curating and installing the exhibition, and for writing for and editing the catalogue. Studio Berry Slok – who we might now refer to as our 'house stylist' – was responsible for the design of the exhibition. Harald Slaterus designed this catalogue. I would like to thank them for the pleasure of working with them and for their professionalism. The same goes for publisher Marloes Waanders, who agreed to publish the catalogue. Finally, I wish to thank the museum team, the staff and our enthusiastic hosts. We have all done our best to offer our visitors an exhibition that we hope will give them pleasure, and a new perspective on the art of Ossip Zadkine.

Marieke Uildriks
Director, Museum JAN

Zonder titel | Untitled

1967
litho | lithography
90 × 70 cm
collectie | collection Lex & Leonie van de Haterd

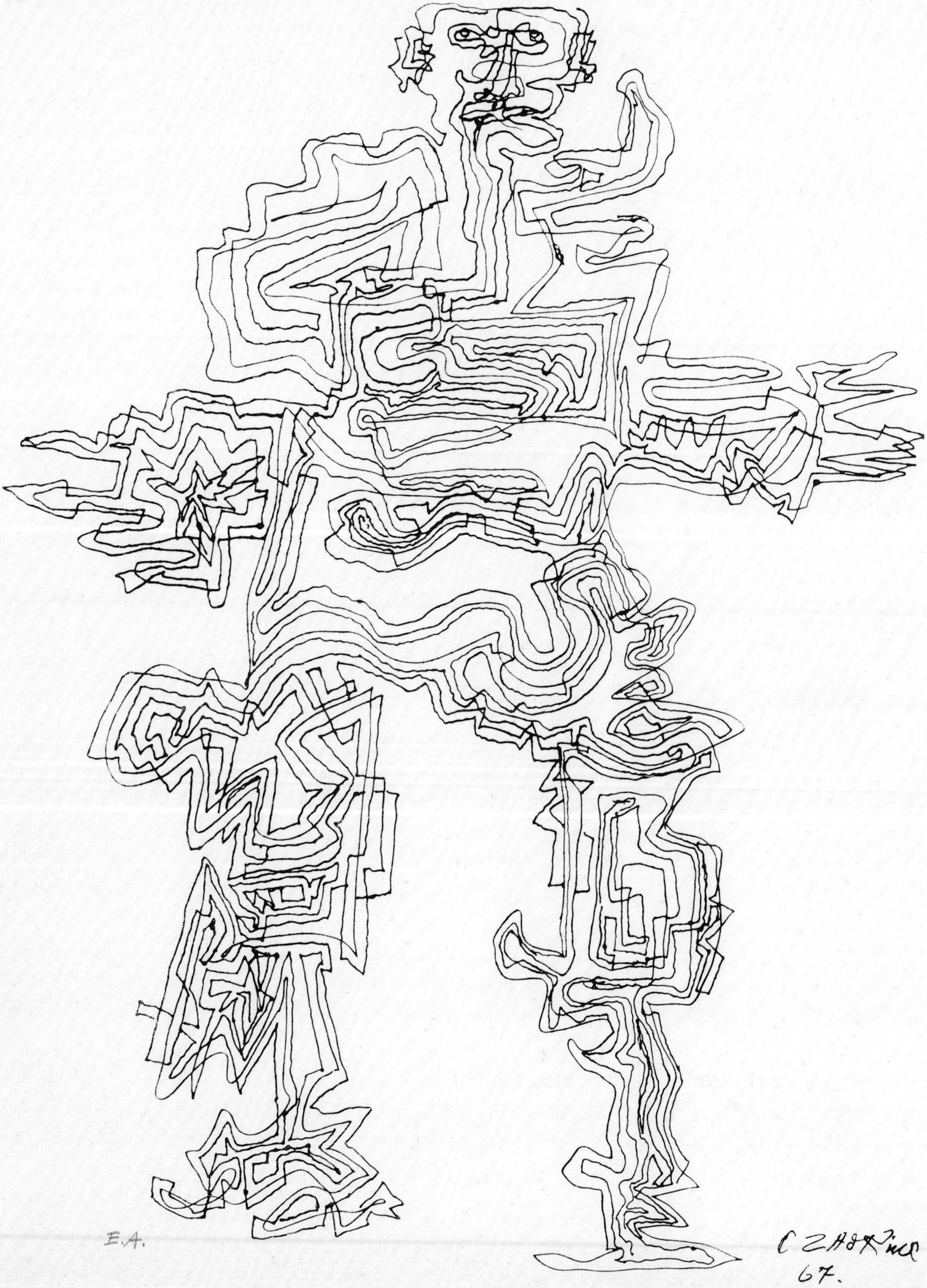
E.A.
67.

Orpheus
1948
brons |
h. 205 cm
Museum Boijmans Van
Beuningen, Rotterdam

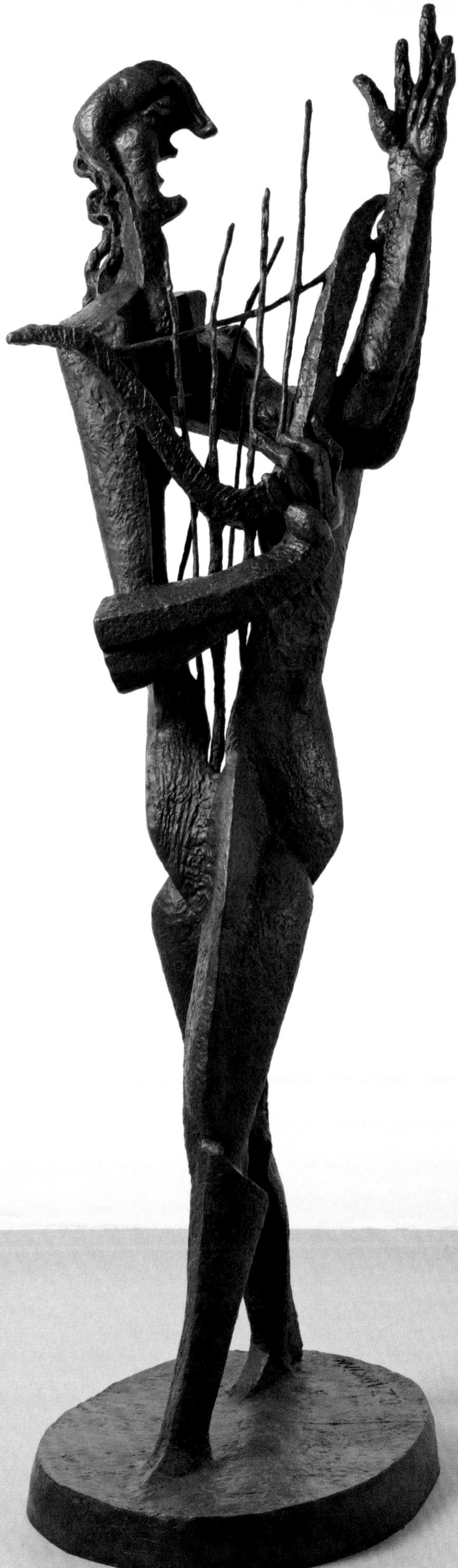

FEICO HOEKSTRA

OSSIP ZADKINE
MENS, MYTHE & METAMORFOSE

Goddelijk hout

In zijn postuum uitgegeven boek *Le maillet et le ciseau* beschrijft de Russisch-Franse beeldhouwer Ossip Zadkine hoe hij vlak na zijn ballingschap in de Verenigde Staten tijdens de Tweede Wereldoorlog aan een nieuw beeld van Orpheus begon. [ill. 1] Kort daarvoor had hij zijn bijna drie meter hoge houten *Orpheus* uit 1930 teruggezien, die was aangekocht door de stad Parijs.[1] Dat beeld beviel hem ineens niet meer: "Natuurlijk, een mooi stuk hout, aardig gesneden etc. Maar is een houten beeld van een man met een muziekinstrument ook meteen een Orpheus?"[2] Zijn idee over hoe de mythische dichter, zanger en musicus uit de klassieke oudheid eruit zou moeten zien, was intussen sterk veranderd. Orpheus was voor hem niet zozeer een persoon als wel een echo van die ene gebeurtenis, diep verzonken in de geschiedenis van de mensheid, het moment waarop voor het eerst een harmonieuze klank had geklonken, die de mens had ontroerd en opgericht, bevrijd van zijn wilde oorsprong. Dat mysterie, die geheime bron van alle beschaving, van alle kunsten, werd voor Zadkine belichaamd door Orpheus.

Zadkine's eerste *Orpheus* nieuwe-stijl is een figuur in de vorm van een gevorkte tak met snaren en de kop van een vogel, zanger van nature. [afb. p. 12] Zadkine maakte het beeld in 1948. Tussen 1956 en 1961 maakte hij nog eens vijf vergelijkbare figuren.[3] Zijn inspiratiebron zou een stuk brandhout zijn geweest dat in zijn Parijse atelier in de rue d'Assas was afgeleverd. [ill. 2] Het ging om een kleine dubbelgevorkte boomstronk, die tot zijn verbazing al alles in zich

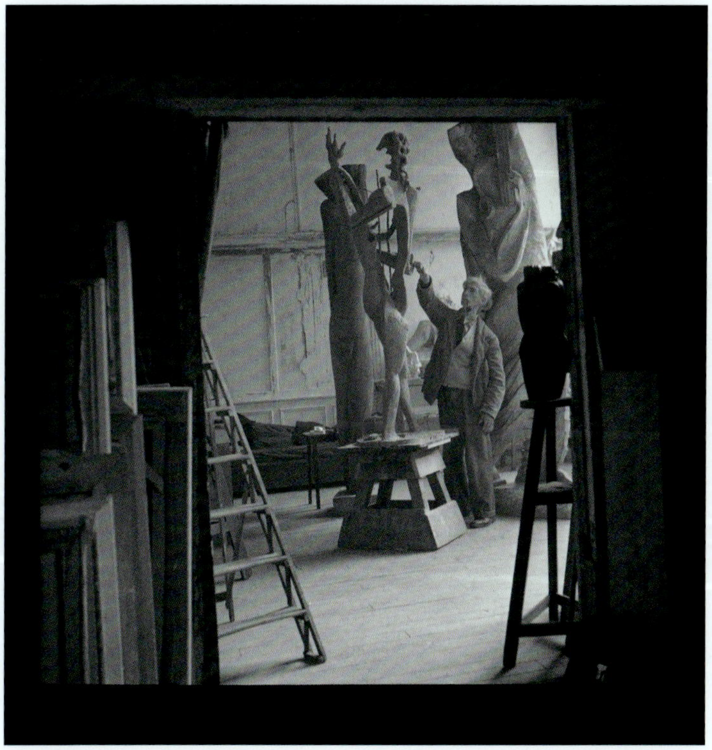

[1] Zadkine werkend aan zijn *Orpheus*, Parijs, 1948 | Zadkine working on his *Orpheus*, Paris, 1948 (foto | photo: Emmy Andriesse)

> Deze tekst is een bewerking van het artikel 'De beeldhouwer als Orpheus. Waarheid en mythe in het werk van Ossip Zadkine' in de catalogus van de tentoonstelling ZADKINE AAN ZEE, die in 2018-2019 werd gehouden in museum Beelden aan Zee in Den Haag. | This is an edited version of 'The sculptor as Orpheus - Truth and myth in the work of Ossip Zadkine' in the catalogue for the 2018-2019 exhibition ZADKINE BY THE SEA at Museum Beelden aan Zee in The Hague.

OSSIP ZADKINE
MAN, MYTH & METAMORPHOSIS

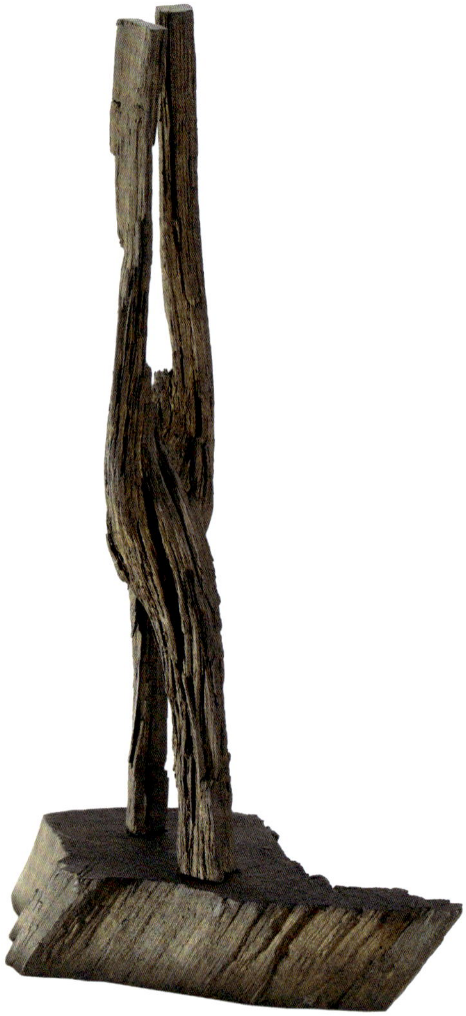

[2] Stukje hout dat Zadkine inspireerde tot zijn *Orpheus* uit 1948 (collectie Musée Zadkine, Parijs) | Piece of wood that inspired Zadkine to make his *Orpheus* in 1948 (collection Musée Zadkine, Paris)

had wat hij van een Orpheus verlangde. “Het bovenste deel was in tweeën gespleten, als twee armen die naar de hemel reiken,” aldus Zadkine, “het onderste deel leek precies twee lopende benen.” Hier was in zijn ogen geen sprake van een beeld, geen af- of uitbeelding, maar van een verwezenlijking: “Het wás Orpheus!” Hij gaf het object een ereplaats in zijn atelier, als aansporing om met zijn kunst de juiste weg te blijven bewandelen. Helemaal in lijn met de mythologische Orpheus werd “dit goddelijke stuk hout” het orakel dat Zadkine te hulp riep als hij in zijn werk was vastgelopen.[4]

Modelkunstenaar

De mythe van Orpheus wordt verteld door verschillende Griekse en Romeinse auteurs, van wie Ovidius, schrijver van *Metamorfosen* uit circa 8 n.C., de belangrijkste was.[5] Als dichter en zanger begeleidde Orpheus zichzelf op de lier, waarmee hij niet alleen mensen en dieren maar zelfs bomen en stenen wist te ontroeren. Hij betoverde met zijn klanken de doorgaans onvermurwbare Hades

Divine wood

In *Le maillet et le ciseau*, his posthumously published memoirs, Russian-French sculptor Ossip Zadkine described how, just after he returned from exile in the United States after the Second World War, he started work on a new sculpture of Orpheus. [ill. 1] He had recently seen the wooden Orpheus, almost three metres tall, he had made in 1930, which had been bought by the city of Paris.[1] He suddenly found he no longer liked it. “Of course it was a lovely piece of wood, nicely carved etc. But is a wooden sculpture of a man with a musical instrument necessarily an Orpheus?”[2] His ideas about what the mythical poet, singer and musician of classical antiquity should look like had changed radically in the intervening years. To Zadkine, Orpheus was not so much a person as an echo of that one event buried deep in the history of humankind, the moment when the first harmonious sound rang out, moving and elevating humans, and freeing them of their wild origins. To Zadkine, Orpheus embodied this mystery, the secret source of all civilisation, of all arts.

Zadkine’s first ‘new-style’ *Orpheus* is a figure in the form of a forked branch with strings and the head of a bird, nature’s songster. [fig. p. 12] Zadkine made this sculpture in 1948. He produced another five similar figures between 1956 and 1961.[3] His source of inspiration is said to have been a piece of firewood that had been delivered to his Paris studio on Rue d’Assas. [ill. 2] It was a small, double-forked tree stump, which to his surprise had everything he was looking for in an Orpheus. “The top section was split in two, like two arms reaching to heaven,” said Zadkine, “while the lower section looked just like two legs walking.” In his eyes, this was not an image, not a depiction or representation, it was an actualisation. “This was Orpheus!”, he exclaimed. He installed the object in his studio, in a place of honour, to encourage him to stay on the right path. Entirely in the spirit of the Orpheus of classical mythology, “this divine piece of wood” became the oracle Zadkine invoked whenever he found himself at an impasse in his work.[4]

en Persephone, bewakers van de onderwereld, in een – overigens vergeefse – poging zijn geliefde Eurydice uit de dood terug te halen. Beroemd is ook het verhaal van Orpheus die Jason en de Argonauten behoedde voor schipbreuk. Sirenen lokten zeelieden met gezang naar hun eilanden, waarna de schepen op de rotsen te pletter sloegen. Alleen de nog mooiere klanken van Orpheus zorgden ervoor dat het schip van Jason koers hield en aan het gevaar ontsnapte. Orpheus zou de lier hebben gekregen van Apollo, die volgens sommige auteurs zijn vader was. Zijn afkeer van vrouwen na de dood van Eurydice wekte de toorn van de Maenaden, de dienaressen van Dionysos. [afb. p. 39] Zij vermoordden hem en gooiden zijn in stukken gehakte lichaam in de rivier. Orpheus' lier en hoofd spoelden aan op Lesbos, waar het hoofd, nog altijd murmelend, als orakel werd geraadpleegd.[6]

Als archetype van de lyrische dichter is Orpheus de aartsvader van alle kunstenaars, die zonder zin voor poëzie of muzikaliteit slechts ongeïnspireerde uitvoerders zouden zijn. Orpheus kent een lange en complexe artistieke traditie. Judith Bernstock noemt de figuur in haar boek *Under the Spell of Orpheus* uit 1991 "een uniek symbool van de manier waarop kunstenaars in de twintigste eeuw naar zichzelf keken, naar hun onderlinge verhoudingen, hun persoonlijke leven en hun rol in de maatschappij. Orpheus werd de modelkunstenaar, begiftigd met een buitengewone gevoeligheid".[7] Bernstock laat zien hoe Orpheus in de moderne kunst onder meer kan staan voor "het verlangen naar eenwording met de natuur" en "het vermogen van kunst om de natuur te transformeren", maar bijvoorbeeld ook voor "de problematische relatie tussen man en vrouw" en "de tegenstelling tussen of verbinding van dionysische en apollinische principes".[8]

In Bernstocks studie is Zadkine een van vele kunstenaars die de revue passeren.[9] Van hem zijn tien beelden van Orpheus bekend. Daarnaast zijn er beelden van dichters en muzikanten, ruim vijftig, die impliciet verwijzen naar hun mythologische oermodel.[10] [afb. pp. 33, 41, 45, 47, 61, 63 en 65] Het belang van Orpheus voor Zadkine, die ook schilderde, dichtte en muziek maakte, blijkt eveneens uit *Le maillet et le ciseau*. Zadkine vertelt hoe op een dag zijn viool door zijn vader – een docent klassieke talen – op de grond werd gesmeten, waarna het instrument uit zichzelf nog een laatste harmonische klank produceerde, "misschien wel het begin van mijn avonturen met Orpheus".[11] Bernstock stelt dat Zadkine zich identificeerde met Orpheus én zijn lier. In tegenstelling tot Zadkine's vroegere beelden van Orpheus, door hem niet zonder zelfspot getypeerd als "man-die-banjo-speelt"[12], zijn in het latere werk mens en muziekinstrument namelijk tot

Model artist

The myth of Orpheus was recorded by several Greek and Roman authors, the most important of whom was Ovid, author of the *Metamorphoses*, written in circa AD 8.[5] Orpheus was a poet and singer who accompanied himself on the lyre, which he used to charm not only people and animals, but even the trees and the stones. His music enchanted the otherwise implacable Hades and Persephone, guardians of the underworld, as Orpheus made his ultimately unsuccessful attempt to bring his beloved Eurydice back from the dead. The story of Orpheus preventing Jason and the Argonauts from being shipwrecked is also well known. Sirens would lure sailors to their islands with their beautiful singing, and their ships would founder on the rocks. Only the music of Orpheus, more beautiful by far, allowed Jason's ship to be kept on course and thus escape peril. Orpheus is said to have received his lyre from Apollo, who according to some authors was his father. His rejection of women after the death of Eurydice roused the ire of the maenads who served Dionysos. [fig. p. 39] They killed him, hacked his body to pieces and threw it in the river. Orpheus' lyre and head washed up on the island of Lesbos, where his head, still singing, was revered as an oracle.[6]

As the archetypal lyrical poet, Orpheus is the father of all artists who, with no sense of poetics or musicality, would be able to do no more than merely execute art. There is a long and complex artistic tradition associated with Orpheus. In her 1991 book *Under the Spell of Orpheus* Judith Bernstock calls him "a unique symbol of twentieth-century artists' perception of themselves, of their creations, their personal lives, and their roles in society. Orpheus had become the paradigmatic artist of extraordinary sensibility".[7] Bernstock explains how, in modern art, Orpheus can represent "the search for unity with nature" and "the power of art to transform nature", as well as "the problematic relation of the sexes", and "the conflict or fusion of Dionysiac and Apollonian principles".[8]

Zadkine is one of the many artists Bernstock considers in her study.[9] Ten Orpheus sculptures by Zadkine are known to exist. He also made sculptures of poets and musicians – more than fifty in total – that implicitly refer to their mythological forefather.[10] [figs. pp. 33, 41, 45, 47, 61, 63 and 65] Orpheus' importance to Zadkine, who also painted, wrote poetry and played music, is apparent in *Le maillet et le ciseau*. He recalls how, one day, his father – a teacher of classical languages – threw his violin on the ground, upon which the instrument spontaneously produced a final harmonious sound, "perhaps indeed the start of my adventures

één geheel samengevoegd. De snaren groeien vanuit zijn binnenste. "De integratie van Orpheus en zijn lier, die symbool staat voor harmonie en de hogere natuur van de mens," schrijft Bernstock, "wordt zodoende een metafoor van Zadkine's innerlijke wezen."[13] Zelf zei hij: "Hoe kan men tegenwoordig anders uitdrukking geven aan de emotie die men voelt bij de herinnering aan de orphische gebeurtenis dan door zich voor te stellen dat de mens zichzelf tot instrument metamorfoseert."[14]

Prototypes

Het idee van de kunstenaar als instrument was niet voorbehouden aan Zadkine alleen. "Een kunstenaar mag niet anders wezen dan een instrument dat bespeeld wordt door de tijd waarin hij leeft", aldus de Nederlandse beeldhouwer Hildo Krop, die met Zadkine bevriend was.[15] De bijzondere manier waarop Zadkine het idee weergaf, als twee-eenheid, was evenmin uniek. In haar boek *Ossip Zadkine. Der Bildhauer und Seine Ikonographie* uit 1980 besteedt Christa Lichtenstern weinig aandacht aan het stuk brandhout dat volgens Zadkine zelf zo beslissend was voor de conceptie van zijn *Orpheus*.[16] Bernstock, die zich grotendeels beroept op Lichtenstern, negeert het helemaal. Beiden plaatsen de speciale vormgeving van het beeld eenvoudigweg in een – zij het bescheiden – sculpturale traditie met onder meer *Chanson des voyelles (Zang der vocalen)* van Jacques Lipchitz uit 1931-1932 en *Amphion* van Henri Laurens uit 1937, die een vergelijkbare samensmelting van muzikant en muziekinstrument laten zien.[17] [ill. 3]

Ook buiten de beeldhouwkunst zijn prototypes aan te wijzen. Op een groepsfoto genomen ter gelegenheid van de tentoonstelling *Artists in Exile* in maart 1942 in de Pierre Matisse Gallery in New York staan tussen Zadkine, Lipchitz en andere voor de nazi's gevluchte kunstenaars ook de surrealistische schilders André Masson en Yves Tanguy. Eerstgenoemde had in 1934 Orpheus al eens geschilderd met een tot lier gevormde arm. De magere gestalte met de opgestoken hand doet ontegenzeggelijk denken aan de figuur van Zadkine.[18] Van Tanguy werd in het najaar van 1942 nota bene een tekening gepubliceerd van Orpheus in de vorm van een gevorkte tak.[19] [ill. 4] De tekening illustreert de catalogus van *First Papers of Surrealism*, een tentoonstelling in New York die veel stof deed opwaaien.[20] Lichtenstern en Bernstock identificeren deze Orpheus van Tanguy dan ook als de ware voorvader van de sculptuur die Zadkine zes jaar later maakte, toen hij weer terug was in Parijs. Het belang van het stuk brandhout voor Zadkine's *Orpheus* wordt met het voorgaande gerelativeerd. Het mag duidelijk zijn dat de mythologische figuur geen particuliere fascinatie van Zadkine

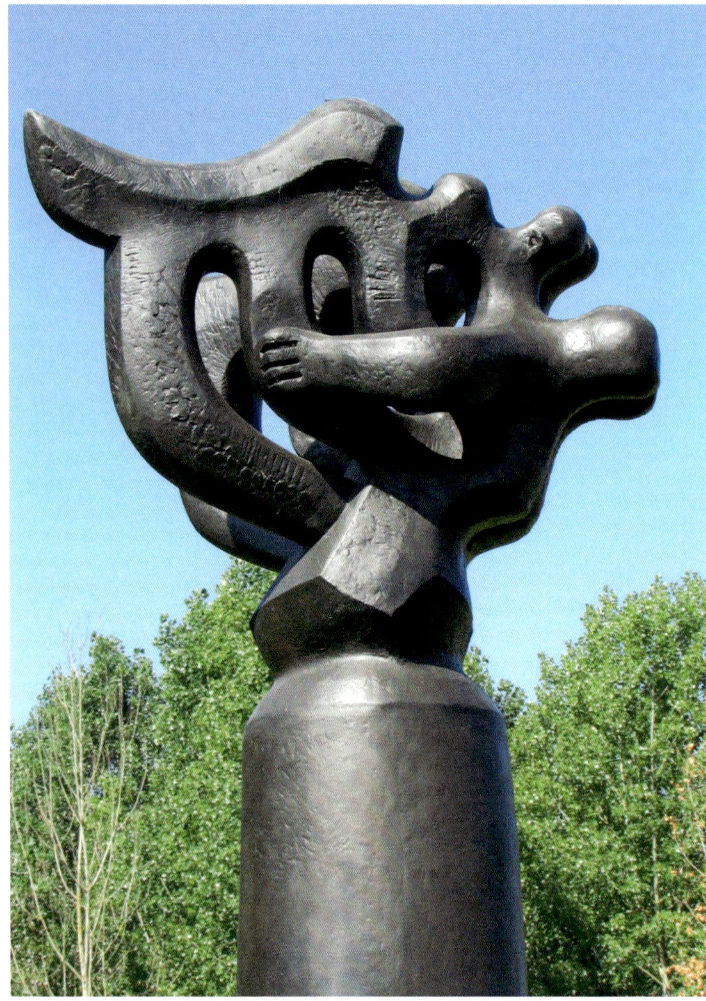

[3] Jacques Lipchitz, *Zang der vocalen*, 1931-1932, brons, h. 396 cm
Jacques Lipchitz, *Song of the Vowels*, 1931-1932, bronze, h. 396 cm

with Orpheus".[11] Bernstock argues that Zadkine identified with Orpheus and his lyre. In contrast with Zadkine's earlier sculptures of Orpheus, which he described somewhat self-deprecatingly as "man playing banjo",[12] in his later work man and musical instrument are one. The strings grow from the core of the man. Bernstock writes that "Orpheus, integrated with his lyre symbolizing harmony and representing the higher nature of man thus becomes Zadkine's metaphorical ideal self."[13] He himself said, "How can one express the emotion one feels when recalling the Orphic event other than by imagining the man metamorphosing into an instrument."[14]

Prototypes

The idea of the artist as an instrument was not unique to Zadkine. "An artist may be nothing but an instrument played by the time in which he lives", said Dutch sculptor Hildo Krop, who was a friend of Zadkine's.[15] Nor was he the only one to depict it in such an

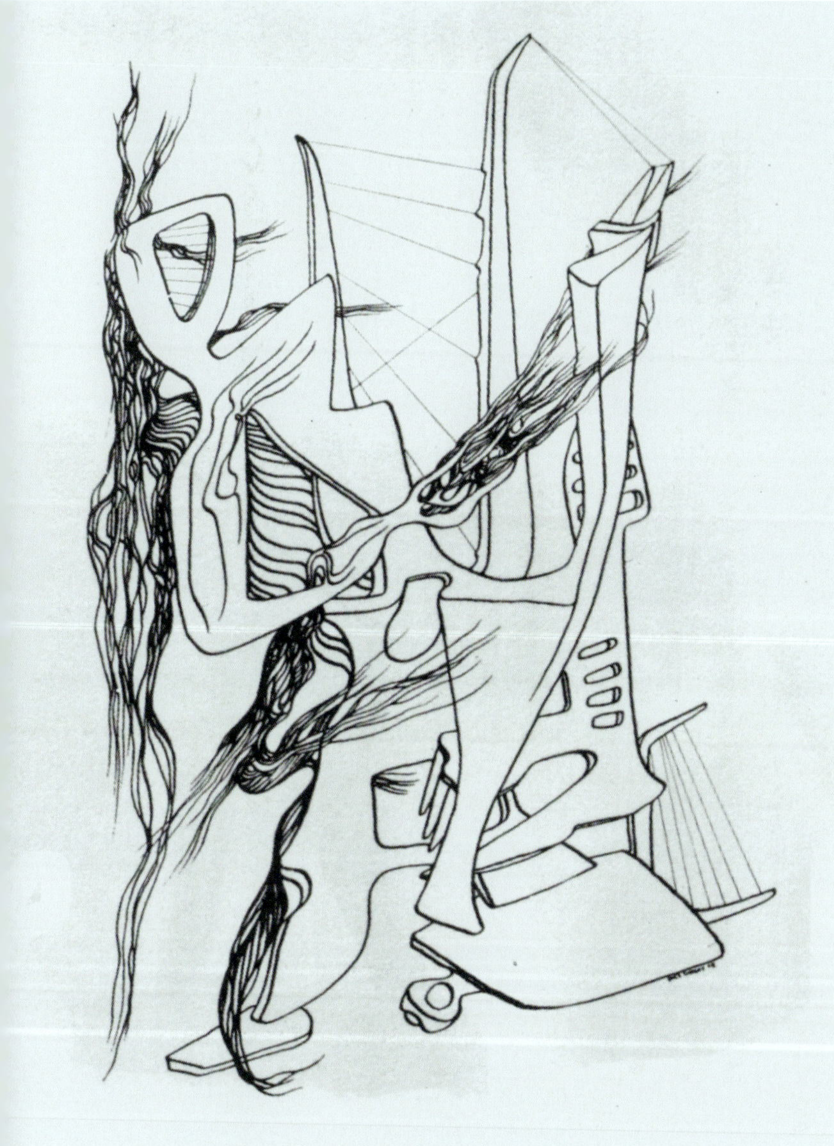

[4] Yves Tanguy's interpretatie van Orpheus in de tentoonstellingscatalogus van 'First Papers of Surrealism', New York, 1942 | Yves Tanguy's interpretation of Orpheus in the exhibition catalogue of 'First Papers of Surrealism', New York, 1942

was. Onder kunstenaars in zijn directe omgeving was Orpheus een bekend motief en de twee-eenheid van de muzikant en zijn instrument, alsook de associatie met een tak bestond al voordat hij het stuk hout onder ogen kreeg. De stronk bracht bij Zadkine ongetwijfeld een schok van herkenning teweeg en bepaalde mede de compositie van zijn sculptuur, maar van een unieke inspiratiebron kan niet worden gesproken.

extraordinary way, as a unity of two parts. In her 1980 book *Ossip Zadkine. Der Bildhauer und Seine Ikonographie* Christa Lichtenstern pays scant regard to the piece of firewood that Zadkine maintained was so essential to the conception of his *Orpheus*.[16] Bernstock, who bases her arguments largely on Lichtenstern's work, disregards it entirely. Both simply locate the sculpture's particular design in a sculptural tradition – albeit a modest one – that includes *Chanson des voyelles (Song of the Vowels)* made by Jacques Lipchitz in 1931-1932 and *Amphion* by Henri Laurens of 1937, which feature a similar fusion of musician and instrument.[17] [ill. 3]

Prototypes exist in disciplines other than sculpture, too. A group photograph taken at the *Artists in Exile* exhibition at the Pierre Matisse Gallery in New York in March 1942 shows surrealist artists André Masson and Yves Tanguy standing alongside Zadkine, Lipchitz and other artists who had fled the Nazis. André Masson had painted Orpheus with an arm transformed into a lyre in 1934. The lean figure with the raised hand bears an unmistakable resemblance to Zadkine's sculpture.[18] A drawing by Tanguy of Orpheus in the form of a forked branch was published in autumn 1942.[19] [ill. 4] It appeared as an illustration in the catalogue for *First Papers of Surrealism*, an exhibition in New York that caused quite a furore.[20] Lichtenstern and Bernstock thus identify Tanguy's *Orpheus* as the precursor to the sculpture that Zadkine would make six years later, after his return to Paris.

This puts the relevance of the piece of firewood into perspective. Clearly, the mythological figure was not merely an object of private fascination for Zadkine. Orpheus was a well-known motif among artists he associated with, and the idea of the unity of two parts – musician and instrument – as well as the association with a branch, existed before he ever saw the piece of wood. The tree stump undoubtedly triggered a jolt of recognition, and helped to define the composition of Zadkine's sculpture, but cannot be regarded as a unique source of inspiration.

Wood and stone

That Zadkine neglected to mention the influence of others on his work in *Le maillet et le ciseau* is far from unusual. Artists like to claim complete independence, and an autobiography is seldom reliable.[21] The need for a critical approach became apparent several years ago when the Zadkine Research Center discovered that Zadkine had misrepresented both the year and day of his birth, as a result of which he was suddenly found to have been two-and-a-half years older.[22] Zadkine also made no mention of the fact that he had been trained as a woodworker while still in Russia, rather than after he

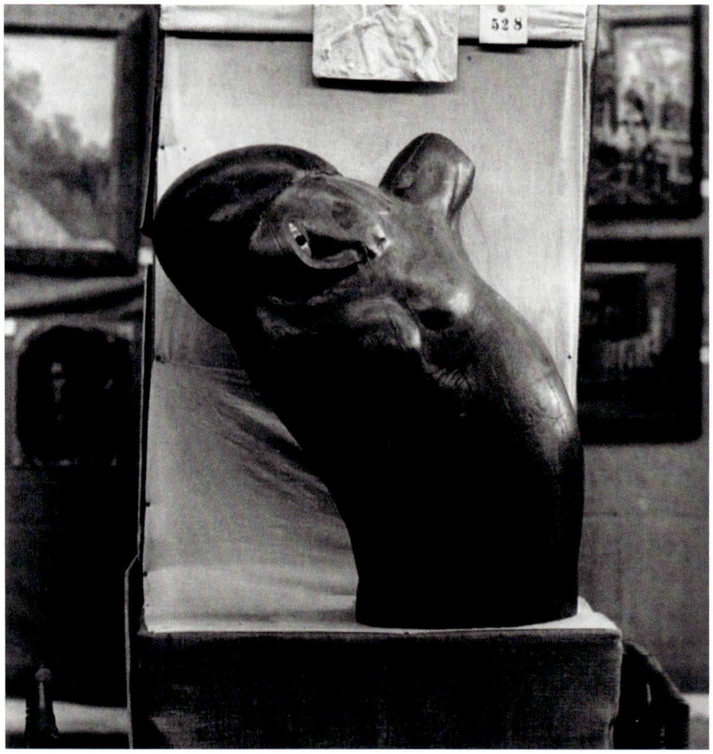

[5] Ossip Zadkine, *Vrouwentors*, ca. 1913, eikenhout, afmeting en verblijfplaats onbekend | Ossip Zadkine, *Torso of a Woman*, c. 1913, oak wood, dimensions and whereabouts unknown

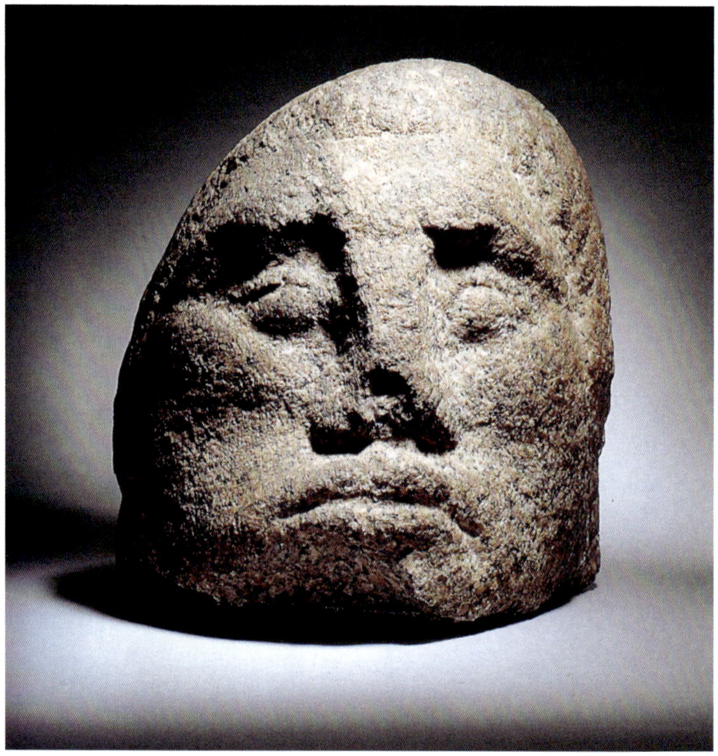

[6] *Heroïsche kop*, vermeend jeugdwerk van Zadkine uit 1909-1910, graniet, h. 29 cm, Musée Zadkine, Parijs | *Heroic Head*, supposed early piece by Zadkine from 1909-1910, granite, h. 29 cm, Musée Zadkine, Paris

Hout en steen

Dat Zadkine in *Le maillet et le ciseau* over de invloed van anderen op zijn werk niets zegt, is verre van ongewoon. Kunstenaars claimen graag volledige onafhankelijkheid en een autobiografie blijkt zelden betrouwbaar.[21] Hoe noodzakelijk een kritische blik is, werd enkele jaren geleden bewezen door het Zadkine Research Center, dat erachter kwam dat Zadkine met zowel zijn geboortejaar als zijn geboortedag sjoemelde, een ontdekking die hem in één klap tweeënhalf jaar ouder maakte.[22] Zadkine verzweeg bovendien dat hij in Rusland was opgeleid tot houtbewerker en niet pas na zijn vertrek naar Engeland in 1905. Ook niet waar, zo onthulde de Engelse kunsthistorica Cathy Corbett, is dat de oom van moeders kant bij wie hij toen verbleef een Brit was die geen woord Russisch sprak. In werkelijkheid ging het om een oom van vaders kant, een onversneden Zadkine, meubelmaker van beroep, die vanuit Vitebsk naar Sunderland was geëmigreerd.[23] Maar kennelijk pasten de feiten uit zijn leven niet bij het beeld dat Zadkine van zichzelf wilde geven. De vraag is nu welk beeld dat was.

left for Britain in 1905. Nor was it true, as British art historian Cathy Corbett revealed, that the uncle on his mother's side with whom he stayed while there was a Brit who did not speak a word of Russian. He was in fact an uncle on his father's side, a pure Zadkine, and a furniture maker by profession, who had emigrated from Vitebsk to Sunderland.[23] Apparently, these facts did not suit the image Zadkine wished to project. But what image was that, exactly?

If we assume that Zadkine identified with Orpheus, *Le maillet et le ciseau* does not read as a statement of fact, but as a myth, at least as far as his youth is concerned. He mentions not a single word about his training as a craftsman, or the lessons he took at Yuri Pen's art school in Vitebsk,[24] but he does write of a boy who wandered endlessly around the forest, loved to draw, later devoted himself to playing the violin, and later still fell with his hand in the clay and immediately made his first sculpture. After he stole an apple, his parents sent him to stay with a strange uncle in Britain. It was there that he was first taught art, he wrote, in a place where his teachers literally and figuratively spoke a different language. He thought copying old

Wie uitgaat van de stelling dat Zadkine zich vereenzelvigde met Orpheus leest in *Le maillet et le ciseau* geen feitenrelaas maar een mythe, tenminste daar waar het zijn jeugd betreft. Geen woord over zijn ambachtsopleiding of lessen aan de kunstschool van Yuri Pen in Vitebsk[24], wel over een jongetje dat eindeloos door de bossen zwerft, graag tekent, zich later vol overgave op het vioolspel stort en nog iets later met zijn hand in de klei valt en dan ter plekke zijn eerste beeld maakt. Na het stelen van een appel sturen zijn ouders hem naar een vreemde oom in Engeland. Pas daar krijgt hij zijn eerste kunstonderwijs, maar zijn leraren spreken letterlijk en figuurlijk een andere taal. Het kopiëren van oude meesterwerken vindt hij zinloos. De jonge Zadkine wil niet de traditie volgen maar de natuur, niet door te imiteren maar door zelf te scheppen. Twee beelden die hij als zijn belangrijkste jeugdwerk beschouwt, ontstaan na zijn terugkeer naar Rusland. Tijdens een vakantie bij een oom vindt hij een stuk eikenhout, waaruit hij een vrouwentors snijdt. [ill. 5] Niet veel later vindt hij in een veld een steen, waaruit hij een mannenkop hakt. [ill. 6] Hout en steen, rechtstreeks uit de natuur, die door de kunstenaar als het ware tot leven worden gewekt… Was het niet Orpheus die met zijn zang en muziek bomen en stenen ontroerde?

Band met de natuur

Beide jeugdwerken worden in de oeuvrecatalogus van Zadkine uit 1994 gedateerd op 1909-1910, vlak voor zijn definitieve vertrek naar Frankrijk. Sylvain Lecombre, samensteller van de catalogus, uit niettemin zijn twijfels over die datering.[25] Opvallend is dat de houten tors en stenen kop de enige werken zouden zijn die Zadkine in die tijd *en taille directe* maakte, oftewel zonder voorstudie direct uit het materiaal gesneden of gehakt. Alle voorgaande en latere werk tot 1912 betreft gemodelleerde beelden van terracotta of gips. In een brief van 9 april 1924 aan de kunstcriticus Karel Teige in Praag schrijft Zadkine dat hij pas na zijn zes maanden durende studie aan de École des Beaux-Arts in Parijs *en taille directe* ging werken[26], niet eerder dus dan begin 1911. Hoewel de verblijfplaats van *Torse de femme (Vrouwentors)* onbekend is, bieden oude zwart-wit foto's genoeg informatie om vast te stellen dat het hier niet om een eenmalig jeugdwerk gaat. Lecombre wijst terecht op de overeenkomsten met een groep houtsculpturen uit 1912 en 1913, toen Zadkine in de ban was van de romaanse beeldhouwkunst. Datering in die jaren is de enige juiste.

Datering van de granieten *Tête héroïque (Heroïsche kop)*, nu in Musée Zadkine, is ingewikkelder. Zadkine zette deze eerst op 1909 en later op 1908.[27] Lecombre houdt een slag om de arm met 1909-1910 en denkt dat de kop mogelijk toch in Parijs is gemaakt, gezien de

masterpieces a worthless exercise. The young Zadkine was interested not in following tradition, but in following nature. Not by imitating, but by creating. Two sculptures he regarded as the most important of his early life were made after he returned to Russia. While on holiday at the home of an uncle he found a piece of oak, from which he carved a woman's torso. [ill. 5] Shortly afterwards, he found a stone in a field, from which he made a man's head. [ill. 6] Wood and stone, straight from the natural world, which the artist brought to life, as it were… Was it not Orpheus whose singing and music had moved trees and stones?

Bond with nature

The catalogue raisonné of Zadkine's work, published in 1994, dates both of these early works to 1909-1910. This was just before he relocated to France for good. Sylvain Lecombre, who compiled the catalogue, nevertheless expresses doubts about this date.[25] If correct, it would make the wooden torso and stone head the only works of that period which Zadkine made *en taille directe* – carved directly from the material without any preliminary studies. All his previous and subsequent work up to 1912 had been modelled in terracotta or plaster. In a letter of 9 April 1924 to art critic Karel Teige in Prague, Zadkine wrote that he did not start working *en taille directe* until after his six-month training course at the École des Beaux-Arts in Paris,[26] so not before the beginning of 1911. Although the whereabouts of *Torse de femme (Woman's Torso)* are unknown, old black-and-white photographs give us enough information to conclude that this is not a one-off piece created in his youth. Lecombre rightly highlights the similarities between this piece and a group of wooden figures from 1912 and 1913, when Zadkine was fascinated by Romanesque sculpture. The two sculptures must date from that time.

The dating of the granite *Tête héroïque (Heroic Head)*, now at Musée Zadkine, is a more complicated matter. Zadkine first dated it 1909 and later 1908.[27] Lecombre tentatively puts the date at 1909-1910 and thinks that the head may have been made in Paris, given the stylistic departure from other works.[28] This theory is supported, first and foremost, by the simple fact that, in the days of travel by steam train and horse-and-cart, it would have been extremely difficult to transport such a heavy piece of stone from Russia. It is also highly unlikely that *Tête héroïque* could be made without any prior experience of working in stone. It is simply too good.[29] Then there is the problem of style. The head does not resemble any other sculpture by Zadkine. One possible explanation that has been put forward concerns Olmec art, examples of which Zadkine is believed to have seen at the British Museum during his

stijlbreuk met overige werken.[28] Vóór deze optie spreekt allereerst het argument dat het in die jaren van stoomtrein en paard-en-wagen buitengewoon lastig was om zo'n zware steen uit Rusland mee te nemen. Verder is het nauwelijks te geloven dat *Tête héroïque* zonder enige ervaring met steen werd gemaakt. Daarvoor is de kop veel te goed geslaagd.[29] Dan is er nog het stijlprobleem. De kop lijkt op geen enkel ander beeld van Zadkine. Als verklaring is gewezen op de kunst van de Olmeken, die Zadkine in zijn Engelse tijd in het British Museum zou hebben gezien.[30] Vooral de gelijkenis met de bekende gehelmde reuzenkoppen is treffend, maar geen van die koppen bevindt zich in het British Museum. Sterker nog, de Olmeekse beschaving was toentertijd zo goed als onontdekt.[31] Daar komt bij dat de herkomst ronduit vaag is. Het werk zou al vroeg zijn gekocht door de verzamelaar Paul Rodocanachi, daarna was het een tijdje zoek, om vervolgens op te duiken in de "Coll. Do., rue de Vaugirard".[32] Onduidelijk is of dit dezelfde collectie betreft als die van "een Indo-Chinees uit de omgeving van Parijs"[33] en of de kop in 1987 van deze persoon (of erfgenamen) werd gekocht voor de museumcollectie.[34] Merkwaardig is ook dat de kop ontbreekt in de serie zwart-wit foto's van Zadkine's vroegste sculpturen.[35] Waarom zou hij deze later veelal vernietigde gipsen en terracotta's wel en dit stenen sleutelstuk uit dezelfde tijd niet hebben laten fotograferen?

De feiten rond *Tête héroïque* roepen drie vragen op. Waar werd de kop gemaakt, wanneer werd de kop gemaakt en – er is geen ontkomen aan – is Zadkine wel de maker? Dat hij er in 1963 een echtheidsverklaring voor uitschreef, op het moment dat de kop voor het eerst werd gefotografeerd, is eigenlijk alleen maar vreemd.[36] Sluitende antwoorden zullen waarschijnlijk nooit worden gevonden. Wat daarentegen vaststaat, is dat een houten en een stenen beeld, beide gemaakt toen hij nog als onbedorven jongeling door de bossen en langs rivieroevers zwierf, zich heel goed lenen om Zadkine's aangeboren band met de natuur te illustreren en zodoende de mythe van de kunstenaar als Orpheus te ondersteunen. Die band met de natuur was volgens Zadkine iets typisch Russisch en gaf hem en zijn landgenoten "een eigen poëtische taal".[37]

Metamorfose

Zadkine was zich zeer bewust van de sterk animistische traditie in Rusland. Het was volgens hem de taak van kunstenaars om kunstwerken "van een ziel te voorzien", waarmee hij "het bijzondere vermogen om te ontroeren" bedoelde.[38] "Laat het object stralen," zo drukte hij in de jaren vijftig zijn leerlingen op het hart, "laat het volbrengen wat het uit zichzelf niet helemaal volbrengen kan. Versterk de kracht die jullie erin ontdekken, vervul het verlangen

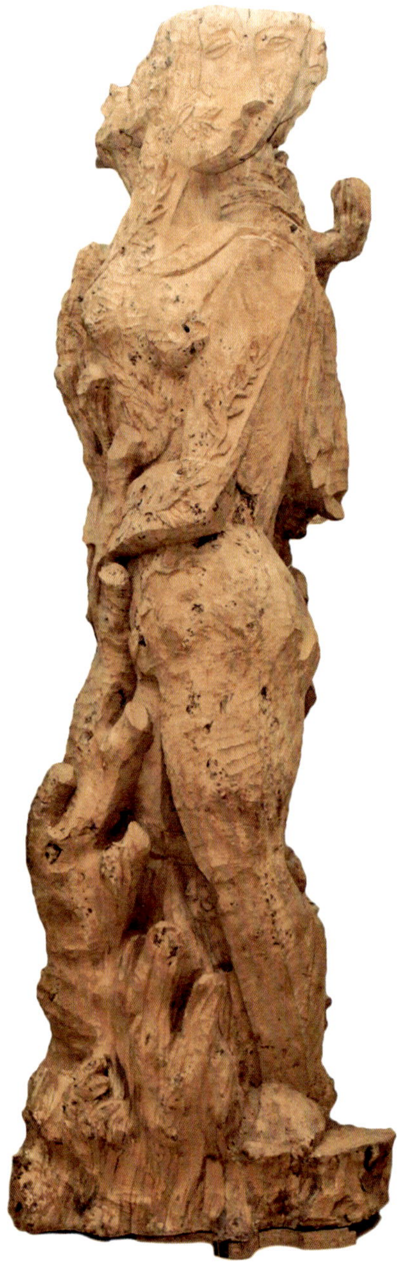

[7] Ossip Zadkine, *Daphne*, 1939, iepenhout, h. 291 cm, Musée Zadkine, Parijs | Ossip Zadkine, *Daphne*, 1939, elmwood, h. 291 cm, Musée Zadkine, Paris

time in Britain.[30] Though the similarity between his sculpture and the well-known giant helmeted heads is quite striking, there are in fact none at the British Museum. Indeed, the Olmec civilisation was still virtually undiscovered at the time when Zadkine was in Britain.[31] Furthermore, the work's provenance is completely vague. It is said to have been bought soon after it was made by collector Paul Rodocanachi, after which its whereabouts were unknown for a time, until it reappeared in "Coll. Do., rue de Vaugirard".[32] It is not clear whether this is the same collection as that of "an Indo-Chinese person near Paris"[33] or whether the head was purchased in 1987 from

dat door de naakte materie alleen niet gestild kan worden. Volg de natuur niet letterlijk, maar luister naar wat zij suggereert. Zoek naar de kern van het object, naar zijn mysterie".[39] Aanvankelijk beschouwde Zadkine de *taille directe* als de enige geschikte techniek voor dit doel, vanwege het respect voor het oorspronkelijke hout- of steenblok.[40] De techniek werd gezien als een harmonisch samengaan van geest en materie en gold voor modernisten in heel Europa als tegenhanger van het ongeïnspireerde, op imitatie gerichte modelleren op de officiële academies, waar ook Zadkine zo'n hekel aan had. Toen hem in 1929 door een journaliste gevraagd werd naar het gelukkigste moment van zijn leven antwoorde hij: "Dat was toen ik mijn buik vol had van klei en ik aan mijn eerste steen begon."[41]

Het maken van een sculptuur, ongeacht het materiaal, is bij uitstek een gedaanteverwisseling oftewel een metamorfose. Het woord refereert aan *Metamorfosen* van Ovidius, waarin Orpheus een hoofdrol speelt. Een andere hoofdrol is weggelegd voor Daphne, de nimf die op de vlucht voor de opdringerige Apollo in een boom verandert. Zadkine maakte drie beelden van de nimf, in respectievelijk 1939, 1947 en 1963. [ill. 7] In alle gevallen is zij weergegeven als half mens en half boom. Daphne expliciteert wat alle houten beelden van Zadkine kenmerkt, die tegelijkertijd figuur en boomstam zijn.[42] Diep van binnen was hij niets meer dan een "ébéniste", een houtbewerker, "iemand die ervan geniet om hout tot leven te wekken."[43] Volgens de kunstcriticus Raymond Cogniat sprak Zadkine over bomen alsof het zijn vrienden waren.[44] Een boom omkappen voor zijn werk zou hij daarom nooit doen, zo verklaarde zijn echtgenote Valentine Prax.[45]

Metamorfose heeft behalve een mythologische ook een biologische betekenis. In 1907 publiceerde de Franse filosoof Henri Bergson zijn *L'Évolution créatrice (De scheppende evolutie)*, waarmee hij aan Darwins evolutieleer een geestelijke component toevoegde door te spreken van een "vitale impuls", een levensdrang, die ervoor zorgt dat de natuur zich permanent herschept in steeds andere vormen. "Bestaan is veranderen", aldus Bergson.[46] Precies die vitaliteit werd het streven in het modernisme, waarbij verandering en vernieuwing het aloude privilege van de traditie overnamen. Constantin Brancusi creëerde al in de jaren twintig met zijn beroemde ei-sculpturen een kernachtig symbool van metamorfose als zelf-scheppend proces in kunst en natuur, terwijl Jean Arp begin jaren dertig kunst vergeleek met "een vrucht die in de mens groeit, zoals een vrucht aan een plant of een kind in de schoot van zijn moeder".[47] De publicatie van *La vie des formes* in 1934 door de Franse kunsthistoricus Henri Focillon verleende aan dit idee een hypothetische basis. Vormen in de kunst, aldus Focillon, bestaan al in de menselijke geest, waar ze continu

this person (or their heirs) for the museum collection.[34] It is also curious that the head does not feature in the series of black-and-white photographs of Zadkine's earliest sculptures.[35] Why would he have had photographs taken of these works in plaster and terracotta – most of which would later be destroyed – and not such a key work in stone from the same period?

The facts surrounding *Tête héroïque* raise three questions. Where was the head made, when was it made and – there is no avoiding it – did Zadkine actually make it? It is simply odd that he issued a certificate of authenticity for it in 1963, when it was photographed for the first time.[36] We will probably never have definitive answers to these questions. What is clear, however, is that a wooden and a stone sculpture, both made when he was still wandering the forest and the riverbanks as an innocent youngster, serve to perfectly illustrate Zadkine's innate bond with nature, thus supporting the myth of the artist as Orpheus. According to Zadkine, this bond with nature was something typically Russian, and it gave him and his compatriots "our own poetic language".[37]

Metamorphosis

Zadkine was very aware of Russia's strong animist tradition. He believed it was an artist's job to "give art a soul", by which he meant "the unique ability to affect".[38] "Make the object glow," he urged his students in the 1950s, "allow it to fulfil what it cannot fulfil of its own accord. Enhance the power you find there, fulfil the desire that cannot be assuaged by the naked material alone. Do not follow nature literally, but listen to what she suggests. Seek the core of the object, its mystery."[39] Initially, Zadkine regarded *taille directe*, with its respect for the original block of wood or stone, as the only technique capable of achieving this.[40] The technique was seen as a harmonious meeting of mind and material, and to modernists throughout Europe it was the opposite of the uninspired imitative modelling taught at the official academies, which Zadkine, too, disliked intensely. When a journalist asked him in 1929 what the happiest moment of his life had been, he answered, "When, disgusted with clay, I started my first stone."[41]

Making a sculpture is the ultimate metamorphosis, no matter what the material. The word itself refers to Ovid's *Metamorphoses*, one of whose main characters is Orpheus. Another is Daphne, the nymph who, fleeing Apollo's advances, turns into a tree. Zadkine made three sculptures of Daphne, in 1939, 1947 and 1963. [ill. 7] In each she is depicted as half human, half tree. She explicitly embodies the distinctive feature of all Zadkine's wooden sculptures, which are both figure and tree trunk.[42] At heart, he was simply an "ébéniste",

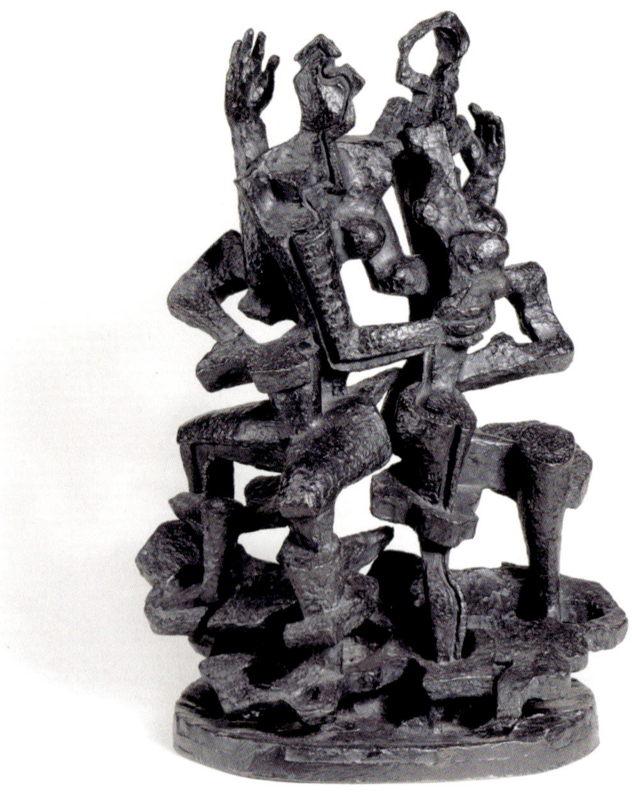

[8] Ossip Zadkine, *De geboorte van vormen*, 1947, brons, h. 78 cm
Ossip Zadkine, *The Birth of Forms*, 1947, bronze, h. 78 cm

in beweging zijn en veranderen. De kunstenaar heeft het exclusieve talent deze geestelijke vormen te vatten in ruimte en materie, oftewel in kunstwerken. De techniek waardoor deze metamorfose plaatsvindt, aldus Focillon, is geen vaardigheid of recept maar "één grote poëtische handeling".[48]

Het lijkt erop dat Zadkine de tekst van Focillon heeft gelezen en dat die zijn gewijzigde artistieke visie, zoals verbeeld door zijn vernieuwde *Orpheus*, heeft beïnvloed. Mogelijk heeft hij zich er pas echt in verdiept in de Verenigde Staten. In 1942 werd hij door de Dominicaner broeder en glaskunstenaar Marie-Alain Couturier gevraagd docent te worden aan de nieuw op te richten École Libres des Hautes Études, een soort Franse universiteit in ballingschap. De eveneens naar Amerika uitgeweken Focillon werd aangewezen als voorzitter, maar overleed korte tijd later. Mede daardoor bleef het bij plannen.[49] Dat Zadkine het beroemdste werk van zijn landgenoot niet zou hebben gekend, is vrijwel uitgesloten. "La vie des formes!" schreef hij destijds in het manuscript van een lezing voor de Art Student League, waarin hij het wonder bejubelt dat hij via vormen zijn emoties concreet kan maken en kan overdragen.[50] In *Artists on Art*, gepubliceerd in 1945, stelt Zadkine dat de middelen van een kunstenaar per definitie denkbeeldig zijn en dat hij geen vormen creëert die er nog niet zijn maar ze slechts aan de duisternis onttrekt.

a woodworker, "someone who loves bringing wood to life".[43] According to art critic Raymond Cogniat, Zadkine spoke of trees as if they were his friends.[44] He would therefore never chop down a tree for his work, his wife Valentine Prax said.[45]

Metamorphosis also has a biological meaning. In 1907 French philosopher Henri Bergson published his *L'Évolution créatrice (Creative Evolution)*, adding a spiritual component to Darwin's theory of evolution, with references to a "vital impulse", an urge to life, which prompts nature to continually recreate itself in different forms. "To exist is to change", wrote Bergson.[46] It is precisely this vitality that became the goal of modernism: for change and innovation to overcome the longstanding privilege of tradition. As early as the 1920s, in his famous egg sculptures, Constantin Brancusi created a powerful symbol of metamorphosis as a process of self-creation in art and in nature, while in the early 1930s Jean Arp likened art to "a fruit that grows inside a person, like a fruit on a plant or a child in its mother's womb".[47] The publication of *La vie des formes (The Life of Forms in Art)* by French art historian Henri Focillon in 1934 supplied a hypothetical basis for this idea. Forms in art, Focillon argued, already exist in the human mind, where they constantly shift and change. The artist has the exclusive ability to capture these mental forms in space and matter; in artworks, in other words. The technique used to effect this metamorphosis, Focillon writes, is not a skill or a recipe but "a whole poetry of action".[48]

It seems that Zadkine must have read Focillon's book, and that it affected his evolving artistic vision, as reflected in his revised version of *Orpheus*. He might not have explored it in more depth until he was in the United States. In 1942 the Dominican friar and glass artist Marie-Alain Couturier invited him to teach at the École Libres des Hautes Études, being set up at the time as a kind of French university in exile. Focillon, who had also emigrated to America, was to become chair, but he died shortly after his appointment. Partly as a result of this, the project never made it off the drawing board. [49] It is virtually unthinkable that Zadkine would not have known his compatriot's most famous work. "La vie des formes!" he wrote at the time on a manuscript for a lecture to the Art Student League, in which he celebrated the fact that forms helped him to concretise and convey his emotions.[50] In *Artists on Art*, published in 1945, Zadkine said that an artist's means are imaginary by definition and that he did not create forms that did not yet exist, but merely drew them out of the darkness, provided there was "a poetic climate".[51] The fact that Zadkine, like Focillon, regarded the emergence of shapes as a kind of birth, is evidenced by *La naissance des formes (The Birth of Forms)*, a sculpture from 1947.[52] [ill. 8]

Voorwaarde daarbij is "een poëtisch klimaat".[51] Dat Zadkine net als Focillon het ontstaan van vormen opvatte als een geboorte bewijst *La naissance des formes (De geboorte van vormen)*, een beeld uit 1947.[52] [ill. 8]

De hand van de kunstenaar

Zadkine wilde met zijn kunst "uitdrukking geven aan de emotie die men voelt bij de herinnering aan de orphische gebeurtenis".[53] Emotie of ontroering betekent in beweging brengen en zo bedoelde Zadkine het ook. "Deze bezielde, zelfstandige objecten", schreef hij in zijn tekst voor *Artists on Art*, "moeten vibreren door hun plastische en poëtische symboliek."[54] Die vibratie, die trilling van de snaren op de lier van Orpheus, was wat hij achteraf bezien miste in zijn grote houten beeld uit 1930. Dat beeld ontbeerde "musicalité florale".[55] Zadkine, zelf geen groot musicus, benaderde naar eigen zeggen de muziek via de sculptuur.[56] Het belang van muzikaliteit voor zijn kunst wordt in het Orpheus-type van 1948 duidelijk gemaakt door de haast demonstratief opgestoken hand. Het is de hand die ontroert, want zonder de hand kan Orpheus zijn lier niet bespelen en kan ook een kunstenaar niets maken wat bij de beschouwer een gevoelige snaar raakt. Zoals de kunstenaar het instrument is van de geest, is de hand het instrument van de kunstenaar. Is het toeval dat Zadkine beweerde als kind met zijn hand in de klei te zijn gevallen?

Wie erop let, ziet ze overal. Opgestoken handen zijn in het naoorlogse werk van Zadkine een terugkerend motief. Behalve bij *Orpheus* komt het voor bij *La naissance des formes*, maar ook bij beelden met hele andere onderwerpen, zoals *Le retour du fils prodigue (De terugkeer van de verloren zoon)*, *La prière (Het gebed)* en niet te vergeten *La ville détruite (De verwoeste stad)*, Zadkine's beroemde oorlogsmonument in Rotterdam. [afb. pp. 81 en 83 en ill. 9] In *La fôret humaine (Het menselijke bos)* zijn vingers takken geworden, om de inwisselbaarheid van mens en boom nog maar eens te onderstrepen. *Les mains végétales (Plantaardige handen)* van 1957-1958 onderstreept speciaal de analogie tussen de scheppende vermogens van mens en natuur. [ill. 10] De toekenning van mysterieuze krachten aan de hand gaat terug tot de allereerste kunstuitingen van de mens, uit de tijd van Orpheus bij wijze van spreken. Magische handen sieren onder meer de wanden van de grotten van Lascaux en Pech Merle, letterlijk een onderwereld, niet ver van Zadkine's buitenhuis in Les Arques. [ill. 11] Ze bevolken ook het oeuvre van de legendarische Auguste Rodin, die rond 1900 een hele serie beelden van handen maakte met titels als *La main de Dieu (De hand van God)*, *La cathédrale (De kathedraal)* en *Secret (Geheim)*. Dat Rodin een inspiratie is geweest voor *Le combat (De strijd)*, Zadkine's eigen kathedraal van handen uit 1966, staat buiten kijf.[57] [afb. p. 85]

The hand of the artist

Zadkine sought in his art to "express the emotion one feels when recalling the Orphic event".[53] Emotion means to set in motion, and that is precisely what Zadkine intended. "These animated, independent objects", he wrote in his contribution to *Artists on Art*, "are meant to vibrate through their plastic and poetic symbolism."[54] This vibration, the vibrating of the strings on Orpheus' lyre, was what, in retrospect, he felt his large wooden sculpture from 1930 lacked. It was devoid of "musicalité florale".[55] Zadkine, no great musician himself, said that he approached music through sculpture.[56] The importance of musicality to his art becomes clear in the Orpheus figure of 1948, with its hand raised almost demonstratively. It is the hand that moves, for without the hand Orpheus cannot play his lyre, and the artist cannot make anything that resonates with the viewer. Just as the artist is the instrument of the mind, so the hand is the instrument of the artist. Can it be a coincidence that Zadkine claimed he had fallen with his hand in the clay as a child?

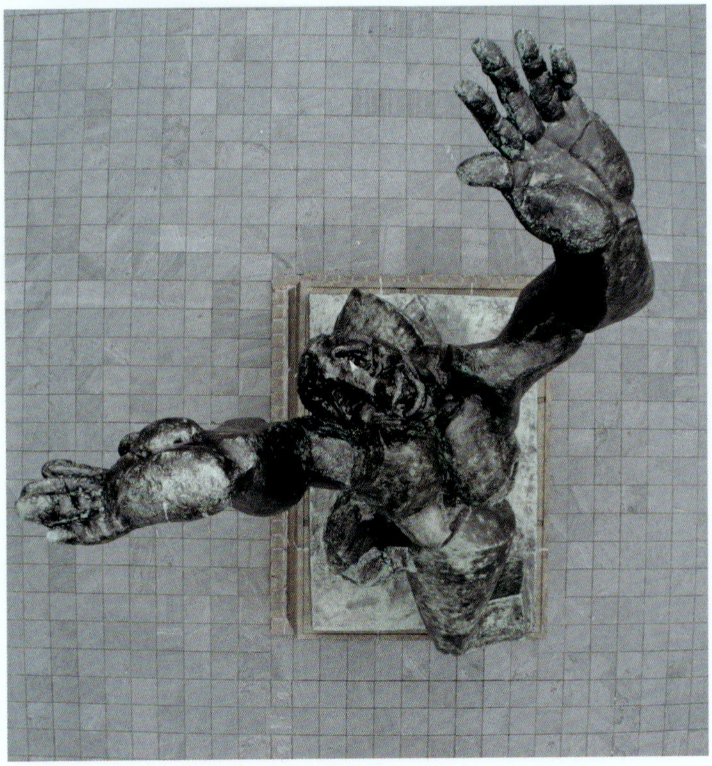

[9] Ossip Zadkine, *De verwoeste stad*, 1947-1951, brons, h. 600 cm, Plein 1940, Rotterdam | Ossip Zadkine, *The Destroyed City*, 1947-1951, bronze, h. 600 cm, Plein 1940, Rotterdam

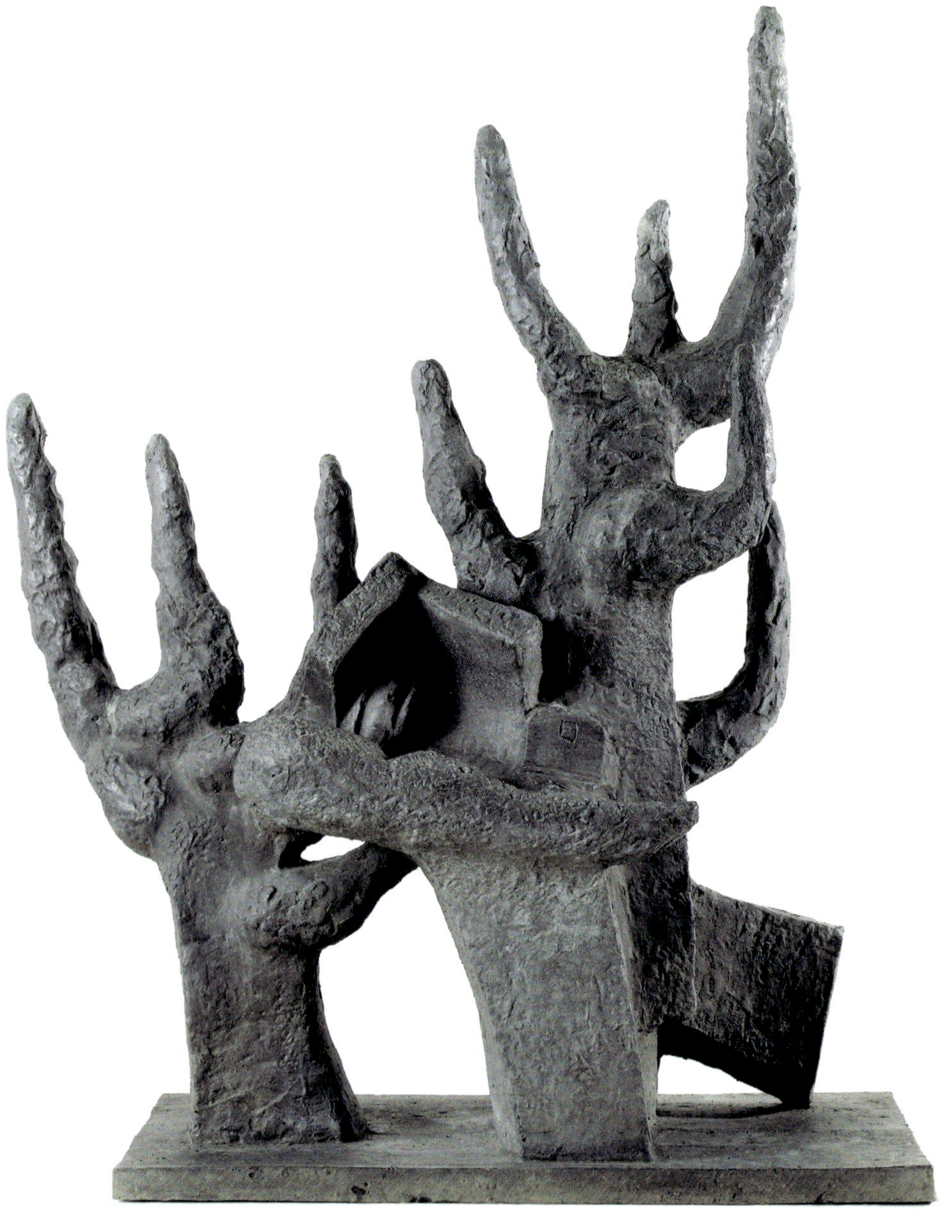

[10] Ossip Zadkine, *Plantaardige handen*, 1957-1958, brons, h. 80 cm | Ossip Zadkine, *Plant-like Hands*, 1957-1958, bronze, h. 80 cm

Mogelijk heeft ook Focillon een bijdrage geleverd aan Zadkine's manomanie. In 1934 publiceerde hij behalve *La vie des formes* nog een tweede boek, getiteld *Éloge de la main (Loflied op de hand)*. De mens heeft de hand gemaakt, zegt Focillon, door zich op te richten uit zijn dierlijke staat. Maar het omgekeerde is eveneens waar, de hand heeft de mens gemaakt tot wat hij is, een wezen dat kunst en beschaving voortbrengt, een wereld parallel aan en in harmonie met de natuur.[58] Frappant is de opmerking van Focillon dat hout zich van alle materialen het beste leent om die eigen wereld vorm te geven, aangezien dit volgens hem ook na bewerking door de mens nog even soepel en buigzaam is als toen het groeide in het bos.[59]

If one looks out for them one sees them everywhere. Raised hands are a recurring motif in Zadkine's postwar work. Besides *Orpheus*, they also occur in *La naissance des formes*, and in sculptures with entirely different subjects, such as *Le retour du fils prodigue (The Return of the Prodigal Son)*, *La prière (The Prayer)* and, of course, *La ville détruite (The Destroyed City)*, Zadkine's famous war memorial in Rotterdam. [figs. pp. 81 and 83 and ill. 9] In *La fôret humaine (The Human Forest)* fingers are branches, emphasising the interchangeability of trees and humans. *Les mains végétales (Plant-like Hands)* of 1957-1958 underlines the analogy between the creative powers of humans and nature. [ill. 10] The attribution of mysterious powers to the hand

Dubbele typering

Maar hoe sterk is de hand van de kunstenaar? Kan de hand zich daadwerkelijk meten met de natuur? In augustus 1945 had het begrip natuurkracht een hele nieuwe dimensie gekregen. De atoombommen van het Amerikaanse leger op Hiroshima en Nagasaki in Japan toonden aan dat de natuur niet alleen kan scheppen maar ook op ongekende schaal kan vernietigen. Zadkine moet zich van die andere kant van de medaille heel goed bewust zijn geweest toen hij in 1961 de opdracht accepteerde om voor de universiteit in Marseille een sculptuur te maken die de atoomkracht verbeeldt.[60] Het eerste model van de sculptuur is te zien op een portretfoto van Zadkine door de Canadese fotograaf Yousuf Karsh uit 1966. [ill. 12] Met zijn gespreide hand, die uit de schaduw naar het zonlicht tast, imiteert de dan 78-jarige beeldhouwer de stralenkrans die achter hem staat, waarmee hij de atoomkracht heeft gesymboliseerd. Of hij zelf nog langer in die vergelijking gelooft, is maar zeer de vraag. Op geen enkele andere foto kijkt hij zo bezorgd.

Zelfs Orpheus had zijn beperkingen. Ondanks zijn betoverende muziekspel kon hij Eurydice immers niet verlossen van de dood.

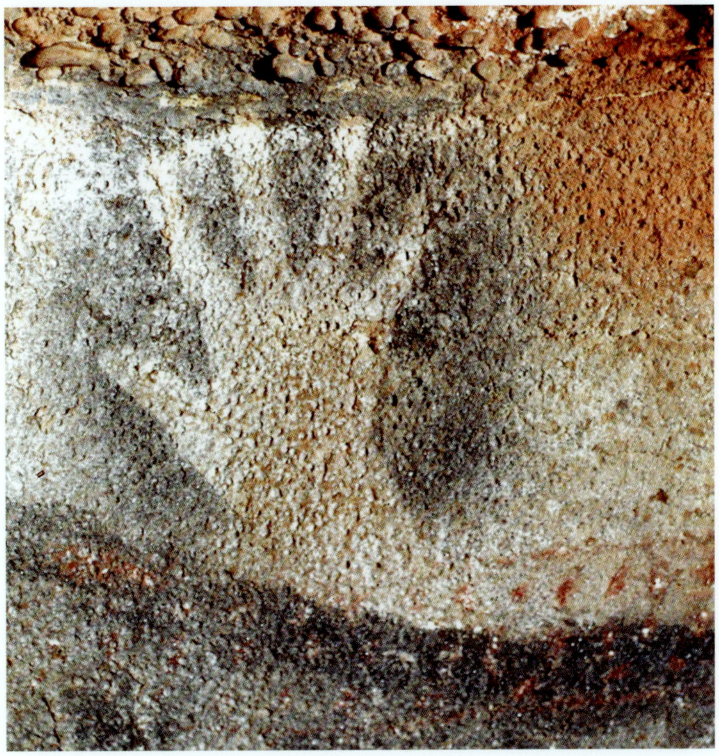

[11] Negatieve handafdruk in de grotten van Pech Merle, Zuid-Frankrijk, ca. 29.000-18.000 jaar oud | Negative hand print in the caves of Pech Merle, Southern France, c. 29.000-18.000 years old

dates back to the very first human artistic expression. To the time of Orpheus, as it were. Magical hands decorate the walls of the caves of Lascaux and Pech Merle, literally an underworld, not far from Zadkine's country residence in Les Arques. [ill. 11] They also populate the work of the legendary Auguste Rodin, who created an entire series of sculptures of hands around 1900, with titles like *La main de Dieu (The Hand of God)*, *La cathédrale (The Cathedral)* and *Secret*. There can be no doubt that Rodin inspired *Le combat (The Struggle)*, Zadkine's own cathedral of hands created in 1966.[57] [fig. p. 85]

Focillon might also have contributed to Zadkine's manomania. After *La vie des forms*, he published a second book in 1934, with the title *Éloge de la main (In Praise of Hands)*. Humans made hands, says Focillon, by elevating themselves from their animal state. But the reverse is also true: hands have made humans what they are, creatures who created art and civilisation, a world parallel to and in harmony with nature.[58] Interestingly, Focillon remarked that wood is the best material for giving form to that world, given the fact that, even after it has been worked by humans, it is still as supple and pliant as when it was growing in the forest.[59]

Double characterisation

But how strong is the hand of the artist? Can it really compete with nature? In August 1945 the concept of the power of nature took on a new dimension. The atomic bombs which the US army dropped on Hiroshima and Nagasaki in Japan showed that nature not only creates, it can also destroy on an unimaginable scale. Zadkine must have been very aware of this other side of the coin when, in 1961, he took on the commission to create a sculpture for the university in Marseille depicting the power of the atom.[60] The first model of the sculpture appears in a photographic portrait of Zadkine taken in 1966 by Canadian photographer Yousuf Karsh. [ill. 12] The 78-year-old sculptor's splayed fingers, emerging from the shade and seeking the sunlight, imitate the aureole behind him, symbolising the power of the atom. It is however by no means certain that he himself still believed in this metaphor. He looks more concerned here than in any other photograph.

Even Orpheus had his limitations. Despite his enchanting music, he was unable to save Eurydice from death. After further consideration, Zadkine incorporated precisely this ambiguous characterisation into his sculpture. Zadkine's bronze *Orpheus* may be playing his magical lyre, but he is also looking over his shoulder, just as his mythological counterpart did as he was leaving the kingdom of the dead with Eurydice, breaking his promise to Hades not to look at his beloved until they were both back in the land of the living.

Bij nader inzien gaf Zadkine hem met zijn sculptuur precies die dubbele typering. Zadkine's bronzen *Orpheus* bespeelt weliswaar zijn magische lier, maar hij kijkt tegelijkertijd over zijn schouder, net als zijn mythologische voorbeeld deed vlak voordat hij met Eurydice het dodenrijk uit wilde stappen. Orpheus verbrak op die manier de belofte aan Hades om zijn geliefde niet aan te kijken totdat zij beiden weer onder de levenden zouden zijn, waarna hij haar alsnog voorgoed bij de doden moest achterlaten. Dacht Zadkine bij het maken van zijn *Orpheus* misschien ook aan het achterlaten van Carol Janeway, de vrouw die tijdens zijn verblijf in New York zijn geliefde was geweest? De parallel dringt zich op. Als mens en als beeldhouwer kende en erkende Zadkine zijn tekortkomingen. "Het is normaal dat er tijdens het werken van alles misgaat", zo eindigt hij zijn mémoires in *Le maillet et le ciseau*, "want het is niet iedereen gegeven om voldoende hoog, helder en lang te zingen om zijn medemensen op te wekken… Maar het is al mooi om in het graf te vallen met de beitel en hamer in de handen."[61]

He therefore had to leave her with the dead for all eternity. When making his *Orpheus*, was Zadkine perhaps thinking of how he had left behind Carol Janeway, the woman who was his lover in New York? The parallel is striking. Zadkine was aware of and acknowledged his shortcomings, as a man and as a sculptor. "It is normal for all kinds of things to go wrong while you are working", he writes at the end of his memoirs, in *Le maillet et le ciseau*, "because not everyone is able to sing high, clear and long enough to rouse his fellow humans… Yet it is in itself wonderful to fall into the grave with a chisel and hammer in one's hands."[61]

[12] Ossip Zadkine, Parijs, 1966
Ossip Zadkine, Paris, 1966
(foto | photo: Yousuf Karsh)

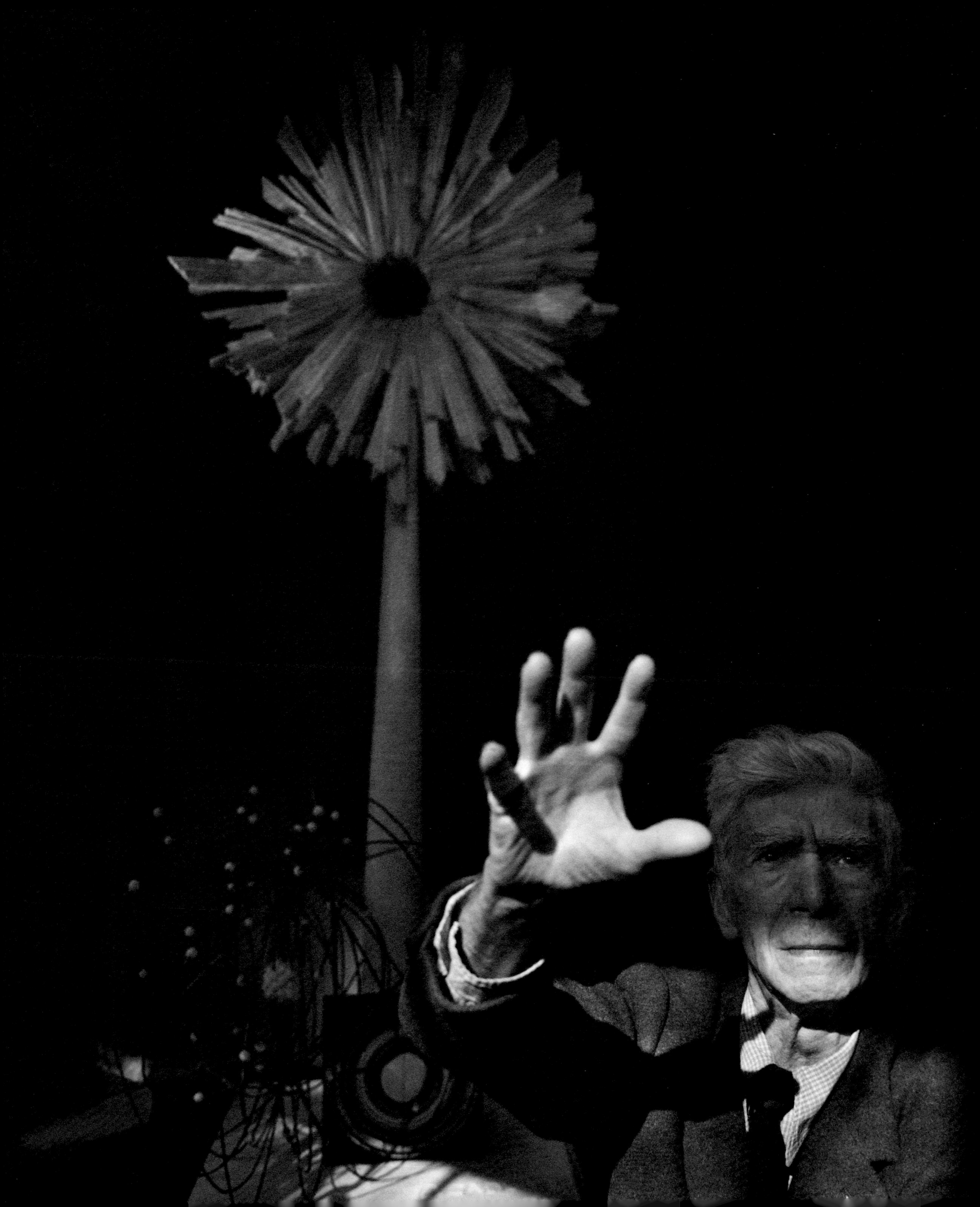

Noten

1 Afbeeldingen en nadere gegevens van deze en andere sculpturen van Zadkine die in deze tekst worden genoemd, zijn aan de hand van titels en dateringen gemakkelijk terug te vinden in: S. Lecombre, *Ossip Zadkine. L'oeuvre sculpté*, Parijs 1994.
2 O. Zadkine, *Le maillet et le ciseau*, Parijs 1968, pp. 181-184 en 209-213.
3 Zie: Lecombre, op. cit. n. 1, cat. 484, 506, 514, 515 en 516.
4 Zie: Zadkine, op. cit. n. 2, p. 184.
5 Andere bekende auteurs zijn Pindarus (517-438 v.C.), Vergilius (70-19 v.C.), Horatius (65-8 v.C.) en Seneca (4-65 n.C.).
6 Zie voor een uitgebreide studie over Orpheus in de klassieke en moderne literatuur: C. Segal, *Orpheus: The Myth of the Poet*, Baltimore 1988.
7 J. Bernstock, *Under the Spell of Orpheus. The Persistence of a Myth in Twentieth-Century Art*, Carbondale 1991, p. xv.
8 Idem, p. xxiv.
9 Idem, pp. 37-41.
10 Zie n. 1.
11 Zadkine, op. cit. n. 2, pp. 206-207.
12 Idem, p. 182.
13 Bernstock, op. cit. n. 7, p. 39.
14 Zadkine, op. cit. n. 2, p. 182.
15 Hildo Krop, geciteerd in: E.J. Lagerweij-Polak, *Hildo Krop; beeldhouwer*, Den Haag 1992, p. 83.
16 C. Lichtenstern, *Ossip Zadkine. Der Bildhauer und Seine Ikonographie*, Berlijn 1980, pp. 141-153.
17 Van beide kunstenaars kunnen nog andere voorbeelden worden toegevoegd, zoals *La grande musicienne (De grote muzikante)* van Laurens uit 1938 en *The joy of Orpheus (De vreugde van Orpheus)* van Lipchitz uit 1945-1946.
18 Afgebeeld in: Bernstock, op. cit. n. 7, p. 123.
19 Idem, p. 90.
20 Zadkine zat toen mogelijk op doktersadvies in Arizona, maar zal in dat geval later de catalogus zeker onder ogen hebben gekregen. Op 11 november, vijf dagen na afloop van de tentoonstelling, was hij weer in New York. Dit blijkt uit zijn biografische notities, in 1992 gepubliceerd door oud-leerling Gaston-Louis Marchal. Marchal schrijft echter dat Zadkine, na een onderbreking van bijna een jaar, op 12 oktober al weer aan zijn notities zou zijn begonnen, wat erop kan duiden dat de beeldhouwer eerder terugkwam. Zie: G.L. Marchal, *Ossip Zadkine. La sculpture... toute une vie*, Millau 1992, pp. 83-85.
21 Zie: S. Kisters, *The Lure of the Biographical: On the (Self-) Representation of Artists*, Amsterdam 2017.
22 Zie over Zadkine's geboortejaar: www.zadkine.com/born-in-1888.
23 Zie: C. Corbet, 'Ossip Zadkine. Een emigrant-beeldhouwer opnieuw uitgevonden', in: *Zadkine aan Zee*, tent. cat. Den Haag (Beelden aan Zee) 2018, pp. 26-33. Zie ook: C. Corbett, *A Russian Sculptor in London: Ossip Zadkine's British Beginnings*, Londen 2013 (ongepubliceerde doctoraalscriptie, Courtauld Institute of Art, Londen).
24 Op 16 november 1916 schreef Zadkine vanuit de loopgraven in Noord-Frankrijk een korte maar indringende brief aan zijn oude leermeester, waarin hij o.a. Marc Chagall en El Lissitzky noemt, die eveneens les hadden van Pen. Zie: A. Shatshkikh, *Vitebsk. The Life of Art*, New Haven en Londen 2007, p. 19.
25 Lecombre, op. cit. n. 1, cat. 5 en 6, pp. 45-46. Lecombre twijfelt niet op louter stilistische gronden aan de datering, maar tevens op basis van een vermelding door Zadkine zelf in het fotoalbum dat bekend staat als 'Album Van der Wal', nu in Musée Zadkine, genoemd naar Bijenkorf-directeur Gerrit van der Wal, de initiatiefnemer van Zadkine's oorlogsmonument in Rotterdam.
26 Integraal gepubliceerd in: Lichtenstern, op. cit. n. 16, pp. 203-204. Zijn eerste werk in deze techniek omschreef Zadkine hier als "taillé un peu gauchement".
27 Of de kop een van de "Deux Études pour une Tête héroïque" is die worden vermeld in de catalogus van de Salon des Indépendants uit 1912 is niet te zeggen, omdat er geen afbeeldingen bij staan. In een Brusselse catalogus uit 1933, ook zonder afbeeldingen, wordt de kop gedateerd op 1913.
28 Lecombre, op. cit. n. 1, p. 45.
29 Overigens noemt Paul-Louis Rinuy de kop juist "onhandig" gemaakt. Zie: P.L. Rinuy, 'Zadkine et le spirituel dans la sculpture du XXe siècle', in: *Zadkine, bois en pierres*, tent. cat. Arles (Musée Réattu) en Parijs (Cloître des Cordeliers) 1992, pp. 19-25, m.n. p. 20.
30 Door o.a. Alain Charron (tent. cat. Arles en Parijs 1992, op. cit. n. 29, p. 40) en Paul Hefting (*Zadkine. Beelden van hout en steen*, tent. cat. Rotterdam (Chabot Museum) 1994, p. 8).
31 Er zijn zeventien koppen bekend, die zich allemaal in Mexico bevinden. Hoewel de eerste kop eind negentiende eeuw werd opgegraven, zou het nog zo'n veertig jaar duren voordat de koppen werden toegeschreven aan de Olmeken, een tot dan toe onbekende beschaving.
32 Lecombre, op. cit. n. 1, p. 45.
33 Zadkine, op. cit. n. 2, p. 47.
34 De kop werd op 27 november 1987 uit een "collection particulière" geveild bij Hôtel Drouot in Parijs.
35 De foto's bevinden zich in het Album Van der Wal in Musée Zadkine. Bij enkele foto's staat Rodocanachi vermeld als fotograaf. Als Rodocanachi de kop inderdaad heeft gekocht van Zadkine is het des te opmerkelijker dat hij deze kennelijk niet voor hem fotografeerde.
36 Vermeld in de veilingcatalogus van Hôtel Drouot, d.d. 27 november 1987.
37 Ossip Zadkine, geciteerd in: I. Jianou, *Zadkine*, Parijs 1964, p. 16.
38 Idem, in: G.L. Marchal, *Avec Zadkine*, Parijs 1956, p. 75.
39 Idem, p. 72.
40 Zadkine sprak in de brief aan Teige (zie n. 26) van een oeridee dat is voorbestemd om zo direct mogelijk in de materie te worden vertaald.
41 Ossip Zadkine, geciteerd in: J. Heap, 'Questionnaire', in: *The Little Review*, mei 1929, p. 88.
42 Zie voor het Daphne-motief bij Zadkine: Lichtenstern, op. cit. n. 16, pp. 170-183. Ook Zadkine's bronzen *Orpheus* van 1948 en een aantal andere gemodelleerde beelden – gedurende de jaren twintig was Zadkine wel degelijk gaan modelleren –, zoals *La forêt humaine* (*Het menselijke bos*) (1947), *Germination* (*Ontkieming*) (1948) en *Sylve* (*Sylvia*) (1951), laten een mengvorm van mens en boom zien.
43 Zadkine, op. cit. n. 2, p. 214.
44 Ossip Zadkine, geciteerd in: R. Cogniat, *Zadkine*, Parijs 1958, p. 16. In *Le maillet et le ciseau* zijn het de bomen (en de hond) die Zadkine als eerste begroeten wanneer hij in 1908 na zijn lange reis van Engeland naar Rusland 's ochtends in alle vroegte het erf van zijn ouderlijk huis betreedt.
45 V. Prax, *Avec Zadkine. Souvenirs de notre vie*, Parijs 1995, p. 47.
46 H. Bergson, *L'évolution creactrice*, Parijs 1907, p. 15.
47 J. Arp, 'À propos de l'art abstrait', in: *Cahiers d'Art*, 6 (1931), p. 358. Zie voor de relatie tussen beeldhouwkunst en biologie in Groot-Brittannië in de jaren dertig: Edward Juler, *Grown but not made. British Modernist Sculpture and the New Biology*, Manchester 2015.
48 H. Focillon, *La vie des formes*, Parijs 1934 (ed. 1981), pp. 39-40. Zie ook: M. Mazzocut-Mis, 'Focillon et l'esthétique française de la première moitié du XXe siècle', in: *La vie des formes. Henri Focillon et les arts*, tent. cat. Lyon (Musée des Beaux-Arts) 2004, pp. 185-195.
49 Behalve Zadkine waren ook Fernand Léger, Amedée Ozenfant en Couturier zelf beoogd docent. Zie: D. Lindenberg, *Les années souterraines (1937-1947)*, Parijs 1990, pp. 84-85.
50 Ossip Zadkine, geciteerd in: Jianou, op. cit. n. 37, p. 44. Ook in zijn biografische notities uit die tijd gebruikt Zadkine de formulering "la vie des formes" een aantal keer. Zie: Marchal, op. cit. n. 20, pp. 89 en 106.
51 Ossip Zadkine, geciteerd in: R. Goldwater en M. Treves, *Artists on Art, from the XIV to the XX Century*, New York 1945 (ed. 1981), pp. 429-431.
52 Zie voor een interpretatie van het beeld: Lichtenstern, op. cit. n. 16, pp. 134-141.
53 Zadkine, op. cit. n. 2, p. 182.
54 Zie n. 51.
55 Zadkine, op. cit. n. 2, p. 209.
56 C. Valogne, 'Un quart d'heures avec Zadkine', in: *Les Lettres françaises*, 8 december 1960. Zadkine speelde vanaf zijn dertigste accordeon. Hij bracht alleen eigen composities ten gehore, die volgens hemzelf slechts door een select groepje vrienden werden begrepen.
57 Zie: Lichtenstern, op. cit. n. 16, pp. 128-134.
58 H. Focillon, *Éloge de la main*, Parijs 1934 (ed. 1981), pp. 5-6.
59 Idem, p. 8.
60 Er bestaan vier versies van het beeld. De laatste en grootste versie werd in 1971 geplaatst bij de Faculté des Sciences de Marseille-Luminy.
61 Zadkine, op. cit. n. 2, p. 218.

Notes

1 Illustrations and further details on these and other sculptures by Zadkine mentioned in this essay can be found on the basis of titles and dates in: S. Lecombre, *Ossip Zadkine. L'oeuvre sculpté*, Paris 1994.
2 O. Zadkine, *Le maillet et le ciseau*, Paris 1968, pp. 181-184 and 209-213.
3 See: Lecombre, op. cit. n. 1, cat. 484, 506, 514, 515 and 516.
4 See: Zadkine, op. cit. n. 2, p. 184.
5 Other well-known authors are Pindar (517-438 BC), Virgil (70-19 BC), Horace (65-8 BC) and Seneca (AD 4-65).
6 For an extensive study on Orpheus in classical and modern literature, see: C. Segal, *Orpheus: The Myth of the Poet*, Baltimore 1988.
7 J. Bernstock, *Under the Spell of Orpheus: The Persistence of a Myth in Twentieth-Century Art*, Carbondale 1991, p. xv.
8 Idem, p. xxiv.
9 Idem, pp. 37-41.
10 See n. 1.
11 Zadkine, op. cit. n. 2, pp. 206-207.
12 Idem, p. 182.
13 Bernstock, op. cit. n. 7, p. 39.
14 Zadkine, op. cit. n. 2, p. 182.
15 Hildo Krop, quoted in: E.J. Lagerweij-Polak, *Hildo Krop; beeldhouwer*, The Hague 1992, p. 83.
16 C. Lichtenstern, *Ossip Zadkine. Der Bildhauer und Seine Ikonographie*, Berlin 1980, pp. 141-153.
17 Other examples by both artists could be cited, including *La grande musicienne (The Great Musician)* by Laurens (1938) and *The Joy of Orpheus* by Lipchitz (1945-1946).
18 Pictured in: Bernstock, op. cit. n. 7, p. 123.
19 Idem, p. 90.
20 Zadkine may have been in Arizona on doctor's orders at the time, but will at any rate have seen the catalogue at a later date. On 11 November, five days after the exhibition closed, he was back in New York, as indicated in his biographical notes, published in 1992 by his former student Gaston-Louis Marchal. However, Marchal wrote that, after a break of almost a year, Zadkine had started writing his notes again on 12 October, which might suggest that he returned sooner. See: G.L. Marchal, *Ossip Zadkine. La sculpture... toute une vie*, Millau 1992, pp. 83-85.
21 See: S. Kisters, *The Lure of the Biographical: On the (Self-)Representation of Artists*, Amsterdam 2017.
22 On Zadkine's year of birth, see: www.zadkine.com/born-in-1888.
23 See: C. Corbet, 'Ossip Zadkine: the reinvention of an émigré sculptor', in: *Zadkine aan Zee*, exh. cat. The Hague (Beelden aan Zee) 2018, pp. 26-33. See also: C. Corbett, *A Russian Sculptor in London: Ossip Zadkine's British Beginnings*, London 2013 (unpublished PhD thesis, Courtauld Institute of Art, London).
24 On 16 November 1916 Zadkine wrote a brief but poignant letter to his old teacher from the trenches in northern France. In the letter, he mentions Marc Chagall, El Lissitzky and others, who were also taught by Pen. See: A. Shatshkikh, *Vitebsk: The Life of Art*, New Haven and London 2007, p. 19.
25 Lecombre, op. cit. n. 1, cat. 5 and 6, pp. 45-46. Lecombre does not doubt the dating merely on stylistic grounds, but also on the basis of a note by Zadkine himself in the photo album known as the 'Van der Wal Album', now at Musée Zadkine, named after Gerrit van der Wal, director of the Bijenkorf department store chain, who was behind the initiative for Zadkine's war memorial in Rotterdam.
26 Published in full in: Lichtenstern, op. cit. n. 16, pp. 203-204. Zadkine describes his first work using this technique as "taillé un peu gauchement".
27 It is impossible to say whether the head is one of the "Deux Études pour une Tête héroïque" mentioned in the catalogue of the Salon des Indépendants of 1912, as there are no illustrations of it. A catalogue published in Brussels in 1933, also without illustrations, dates the head to 1913.
28 Lecombre, op. cit. n. 1, p. 45.
29 Paul-Louis Rinuy, incidentally, says that the head was in fact "clumsily" made. See: P.L. Rinuy, 'Zadkine et le spirituel dans la sculpture du XXe siècle', in: *Zadkine, bois en pierres*, exh. cat. Arles (Musée Réattu) and Paris (Cloître des Cordeliers) 1992, pp. 19-25, m.n. p. 20.
30 By, among others, Alain Charron (exh. cat. Arles and Paris 1992, op. cit. n. 29, p. 40) and Paul Hefting (*Zadkine. Beelden van hout en steen*, exh. cat. Rotterdam (Chabot Museum) 1994, p. 8).
31 Seventeen heads are known to exist, all of which are in Mexico. Although the first was excavated in the late nineteenth century, it would be another forty years before they were attributed to the Olmecs, a previously unknown civilisation.
32 Lecombre, op. cit. n. 1, p. 45.
33 Zadkine, op. cit. n. 2, p. 47.
34 The head was sold at auction from a "collection particulière" on 27 November 1987 at Hôtel Drouot in Paris.
35 The photographs are in the Van der Wal Album at Musée Zadkine. Rodocanachi is named as the photographer beside several of the pictures. If Rodocanachi did indeed buy the head from Zadkine, it is all the more remarkable that he apparently did not photograph it for him.
36 Referred to in the Hôtel Drouot auction catalogue for 27 November 1987.
37 Ossip Zadkine, quoted in: I. Jianou, *Zadkine*, Paris 1964, p. 16.
38 Idem, in: G.L. Marchal, *Avec Zadkine*, Paris 1956, p. 75.
39 Idem, p. 72.
40 Zadkine referred in the letter to Teige (see n. 26) to a primordial concept destined to be transposed to the material as directly as possible.
41 Ossip Zadkine, quoted in: J. Heap, 'Questionnaire', in: *The Little Review*, May 1929, p. 88.
42 On the Daphne motif in Zadkine, see: Lichtenstern, op. cit. n. 16, pp. 170-183. Zadkine's bronze *Orpheus* of 1948 and a number of other modelled sculptures – Zadkine had in fact started modelling in the 1920s – like *La forêt humaine* (*The Human Forest*) (1947), *Germination* (1948) and *Sylve* (*Sylvia*) (1951), also feature a merging of human and tree.
43 Zadkine, op. cit. n. 2, p. 214.
44 Ossip Zadkine, quoted in: R. Cogniat, *Zadkine*, Paris 1958, p. 16. In *Le maillet et le ciseau* the trees (and the dog) are the first to greet Zadkine when in 1908, in the early morning, he returns to his parental home in Russia after an extended trip to Britain.
45 V. Prax, *Avec Zadkine. Souvenirs de notre vie*, Paris 1995, p. 47.
46 H. Bergson, *L'évolution creactrice*, Paris 1907, p. 15.
47 J. Arp, 'À propos de l'art abstrait', in: *Cahiers d'Art*, 6 (1931), p. 358. On the relationship between sculpture and biology in Great Britain in the 1930s, see: Edward Juler, *Grown But Not Made: British Modernist Sculpture and the New Biology*, Manchester 2015.
48 H. Focillon, *La vie des formes*, Paris 1934 (ed. 1981), pp. 39-40. See also: M. Mazzocut-Mis, 'Focillon et l'esthétique française de la première moitié du XXe siècle', in: *La vie des formes. Henri Focillon et les arts*, exh. cat. Lyon (Musée des Beaux-Arts) 2004, pp. 185-195.
49 Apart from Zadkine, Fernand Léger, Amedée Ozenfant and Couturier himself were also to teach there. See: D. Lindenberg, *Les années souterraines (1937-1947)*, Paris 1990, pp. 84-85.
50 Ossip Zadkine, quoted in: Jianou, op. cit. n. 37, p. 44. In his biographical notes from the time, Zadkine also uses the phrase "la vie des formes" a number of times. See: Marchal, op. cit. n. 20, pp. 89 and 106.
51 Ossip Zadkine, quoted in: R. Goldwater and M. Treves, *Artists on Art, from the XIV to the XX Century*, New York 1945, pp. 429-431.
52 See for an interpretation of the sculpture: Lichtenstern, op. cit. n. 16, pp. 134-141.
53 Zadkine, op. cit. n. 2, p. 182.
54 See n. 51.
55 Zadkine, op. cit. n. 2, p. 209.
56 C. Valogne, 'Un quart d'heures avec Zadkine', in: *Les Lettres françaises*, 8 December 1960. Zadkine started playing accordion at the age of thirty. He only played his own compositions, which he said only a select group of friends understood.
57 See: Lichtenstern, op. cit. n. 16, pp. 128-134.
58 H. Focillon, *Éloge de la main*, Paris 1934 (ed. 1981), pp. 5-6.
59 Idem, p. 8.
60 There are four versions of the sculpture. The final and largest version was installed at the Faculté des Sciences de Marseille-Luminy in 1971.
61 Zadkine, op. cit. n. 2, p. 218.

> Zadkine's atelier in de rue d'Assas 100 in Parijs, ca. 1950
Zadkine's studio in the Rue d'Assas 100 in Paris, c. 1950
(foto | photo: Cas Oorthuys)

CATALOGUS | CATALOGUE

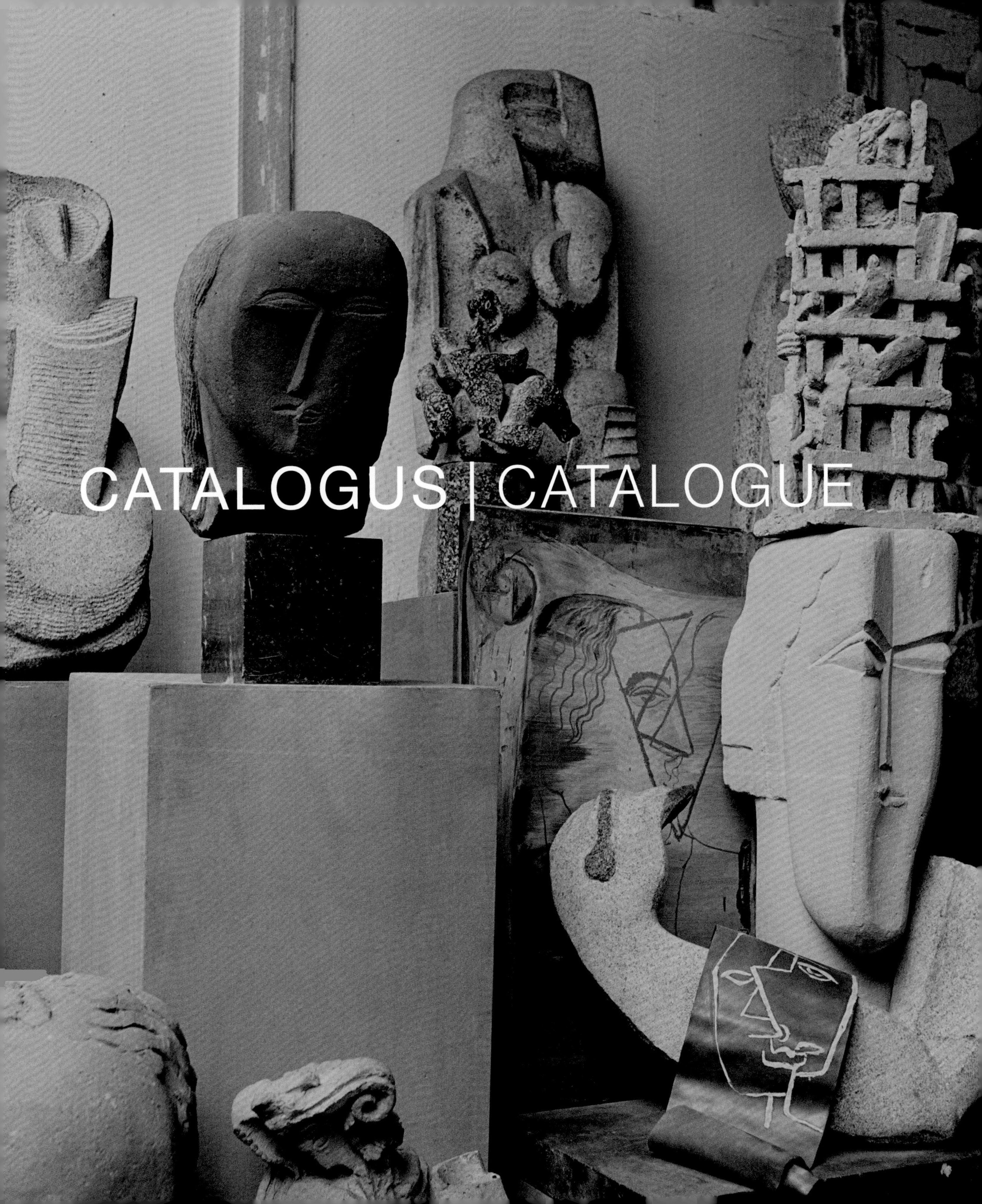

Vrouw met viool | Woman with Violin

1918
brons | bronze
h. 54 cm
particuliere collectie | private collection

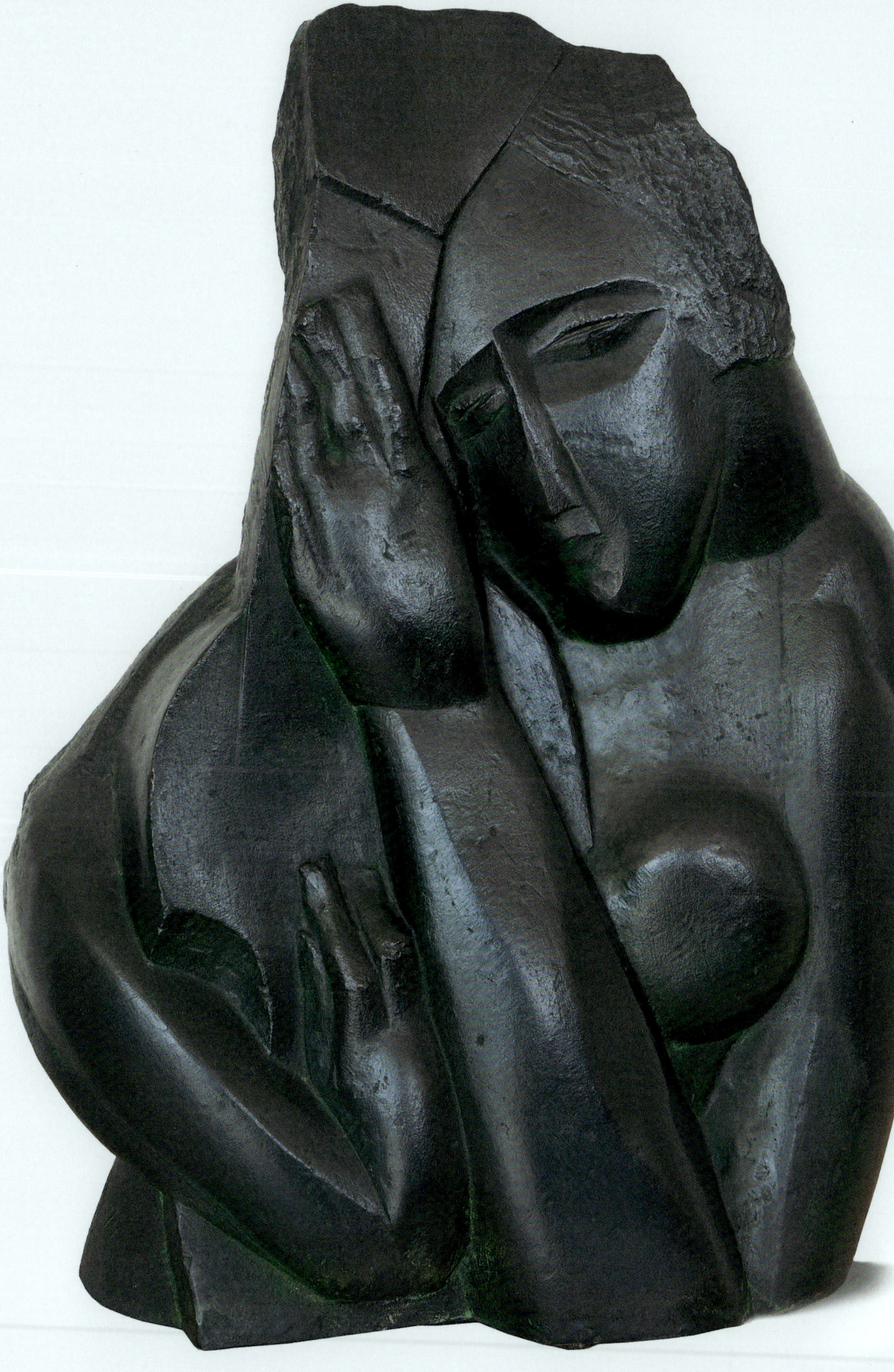

Knielend naakt | Kneeling Nude

1920
brons | bronze
100 × 50 × 35 cm
ING Collectie | ING Collection

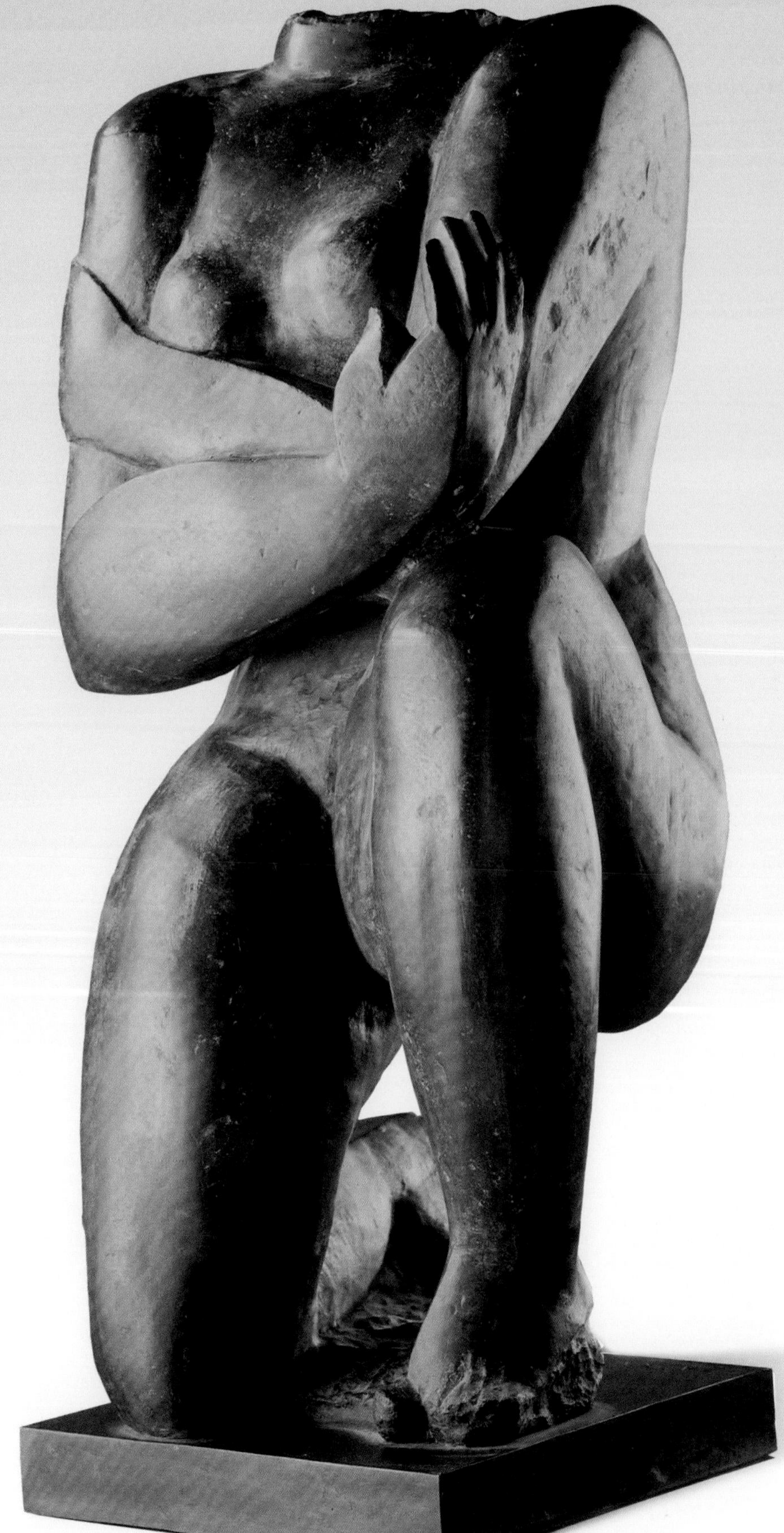

Kop van een vrouw | Head of a Woman

1927
graniet | granite
h. 55 cm
Museum de Fundatie, Zwolle & Heino/Wijhe

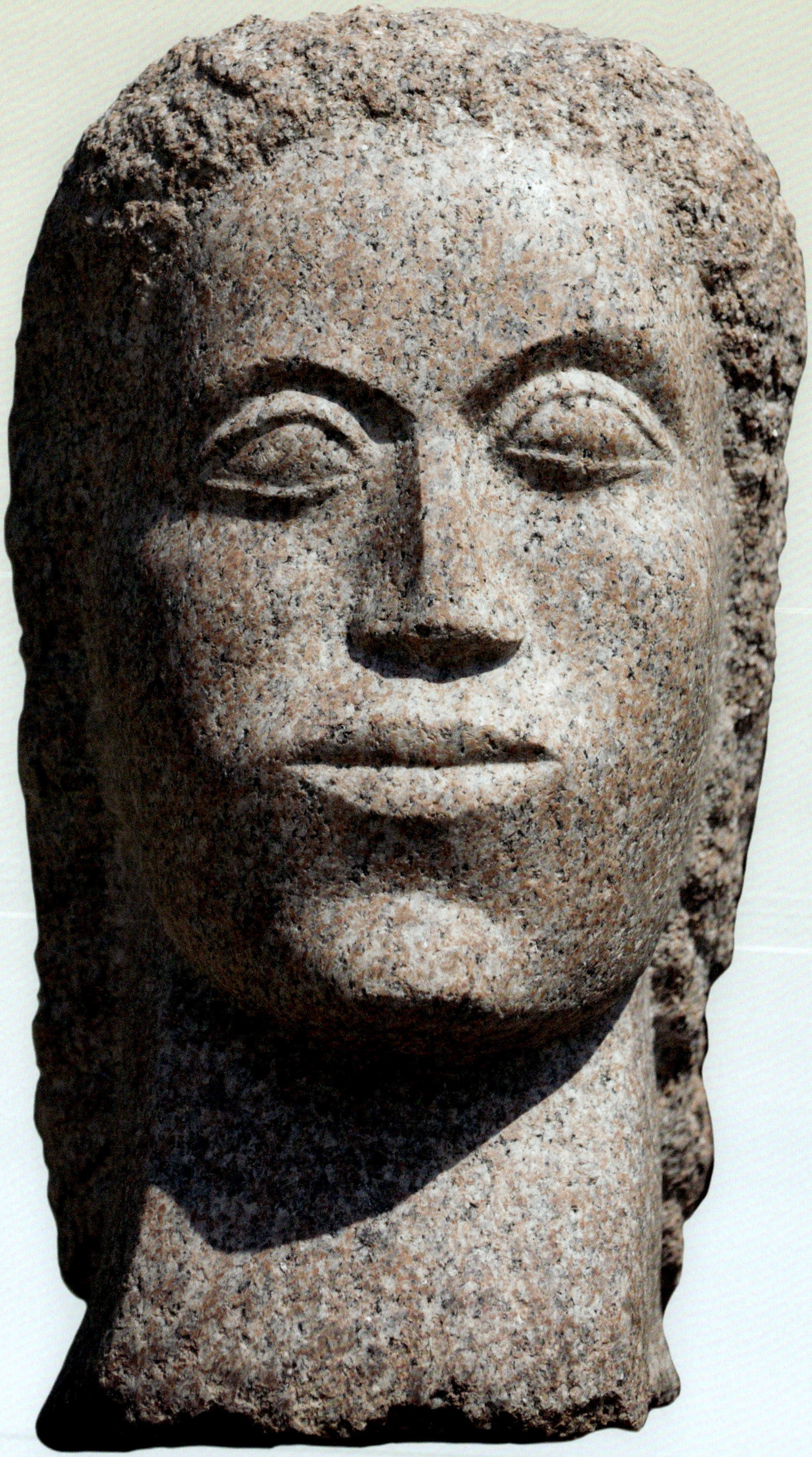

De maenaden | The Maenads

1929
brons | bronze
h. 76 cm
Kunstmuseum, Den Haag | The Hague

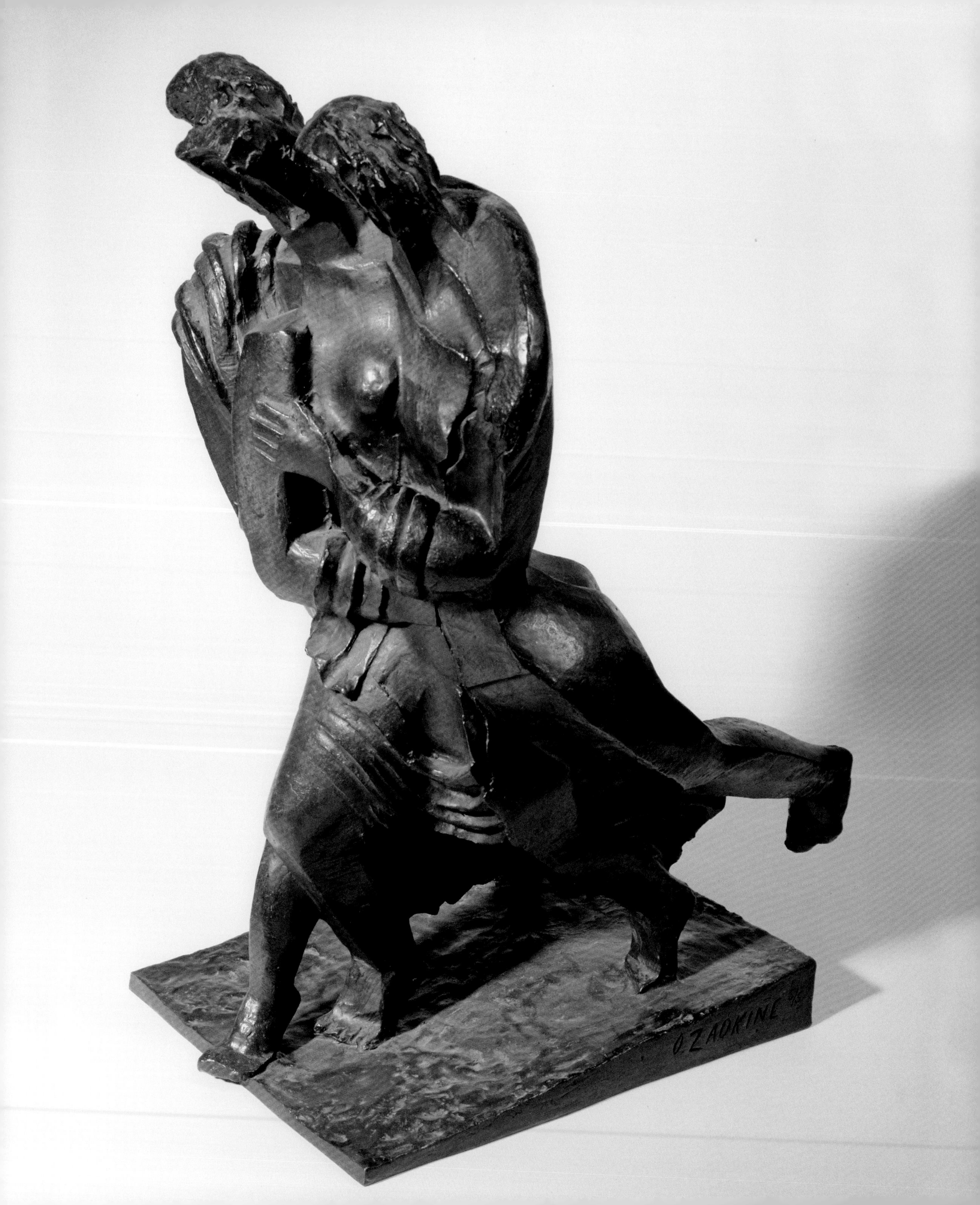
O.ZADKINE

Muziektrio | Musical Trio

1930
brons | bronze
h. 69 cm
particuliere collectie | private collection
(c/o Zadkine Research Center)

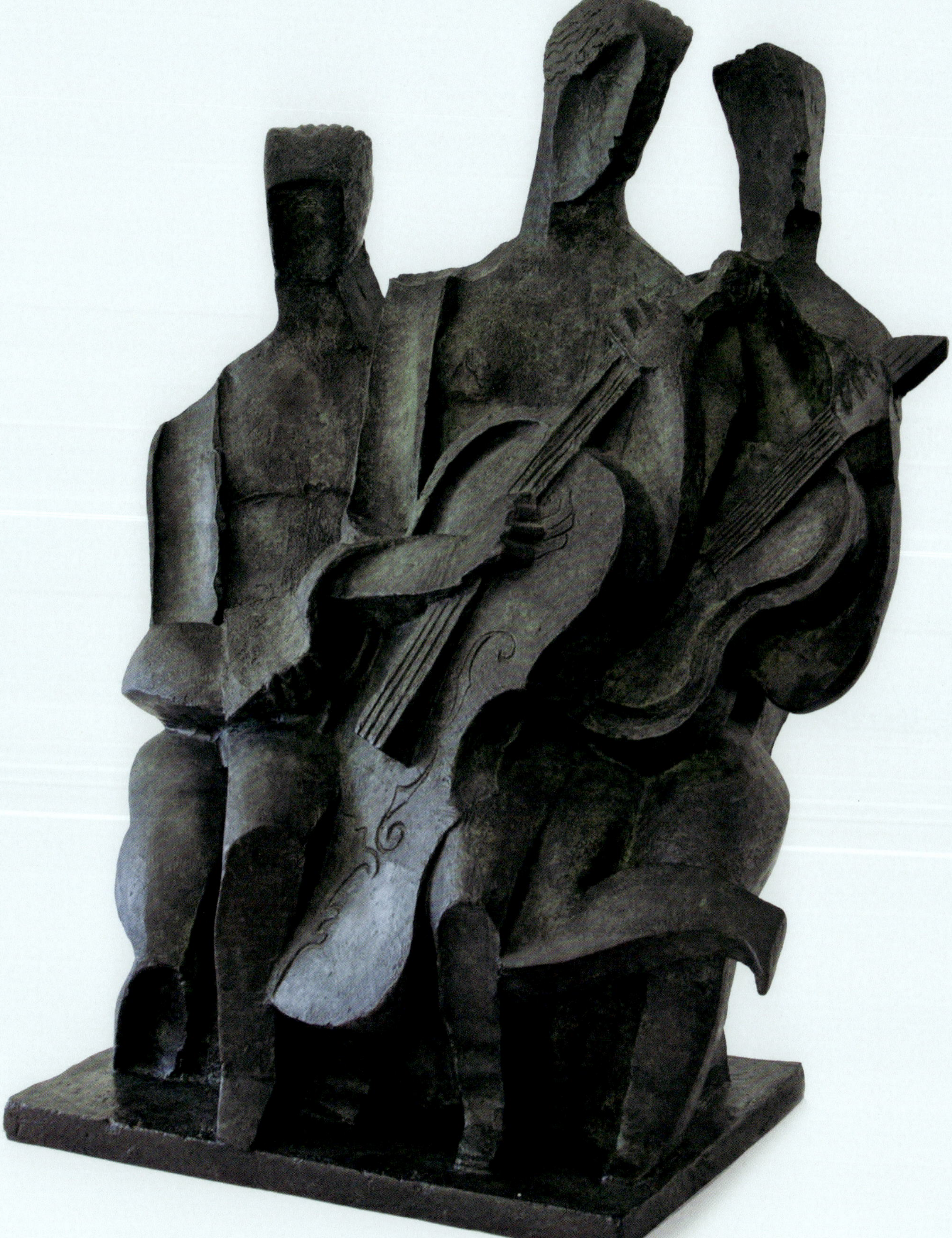

Twee vrouwen op het terras
Two Women on the Terrace

1928
gouache op papier | gouache on paper
45 × 58 cm
Museum Belvédère, Heerenveen

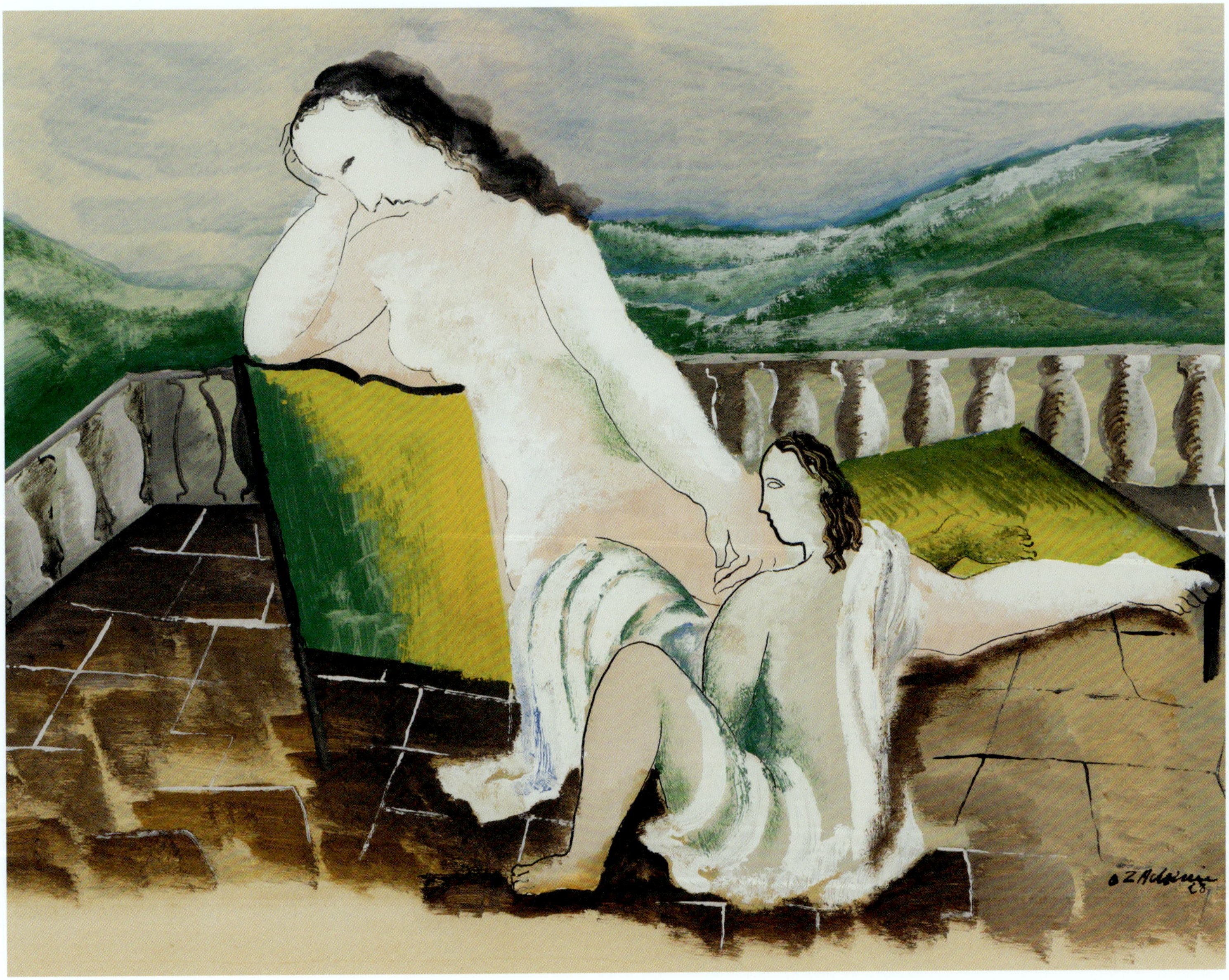

De componist | The Composer

1936
brons | bronze
h. 45 cm
particuliere collectie | private collection
(c/o Zadkine Research Center)

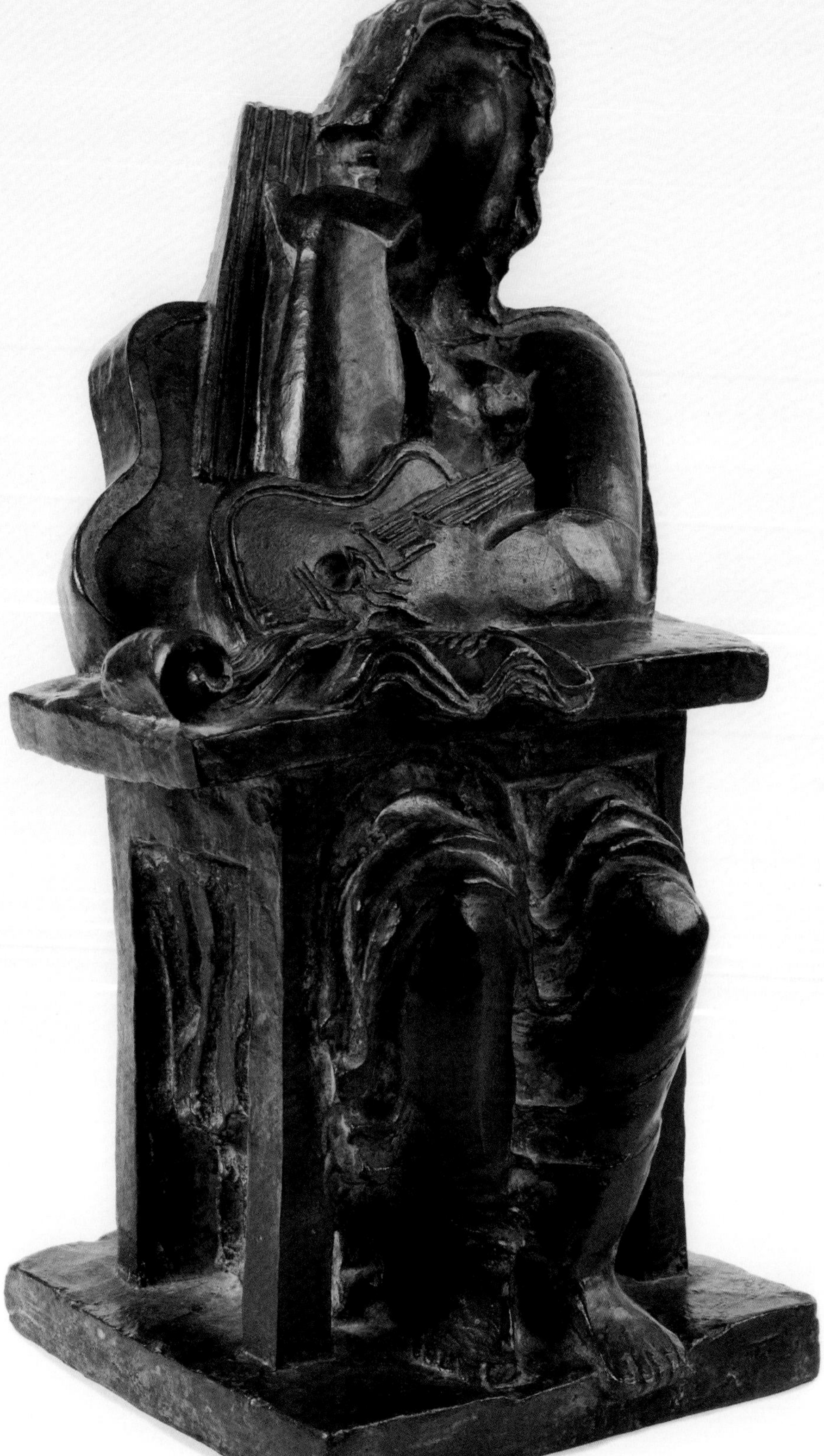

De cellospeelster | The Cello Player

1935
brons | bronze
h. 44 cm
particuliere collectie | private collection

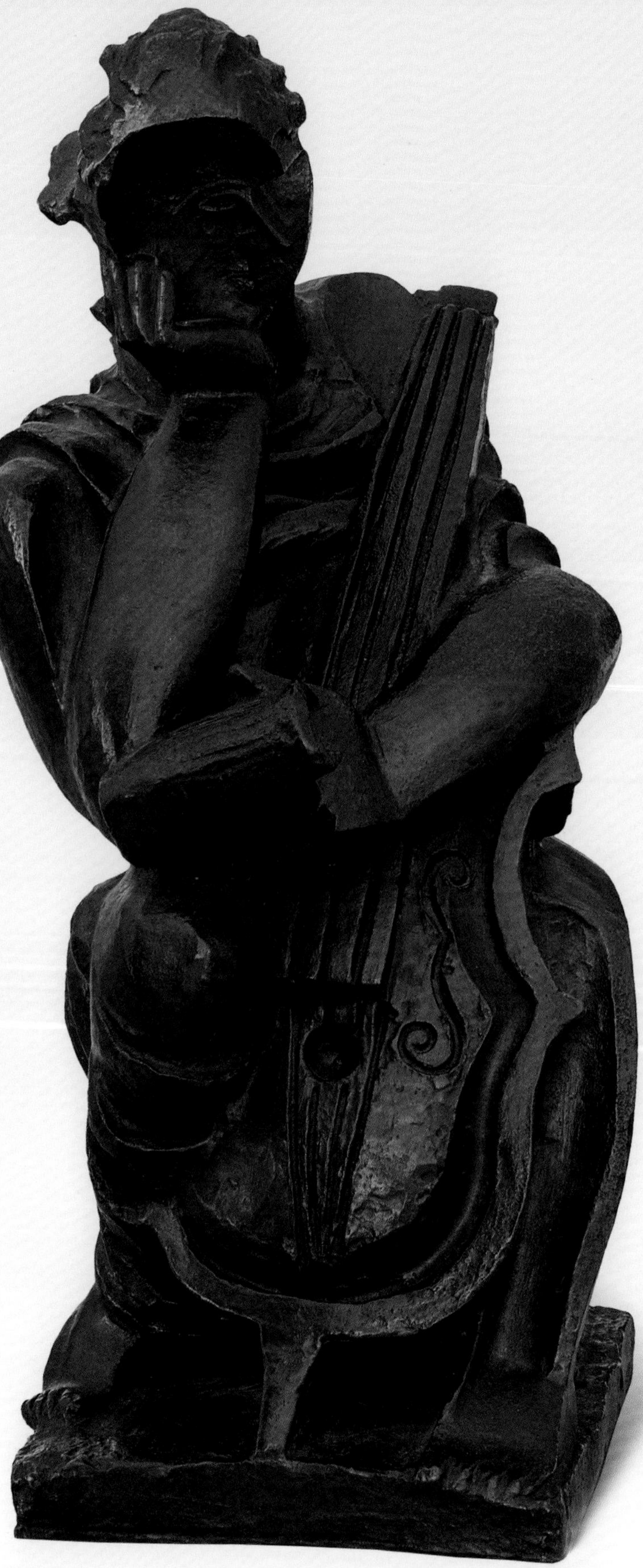

De tekenles | The Drawing Lesson

1936
brons | bronze
h. 66 cm
particuliere collectie | private collection

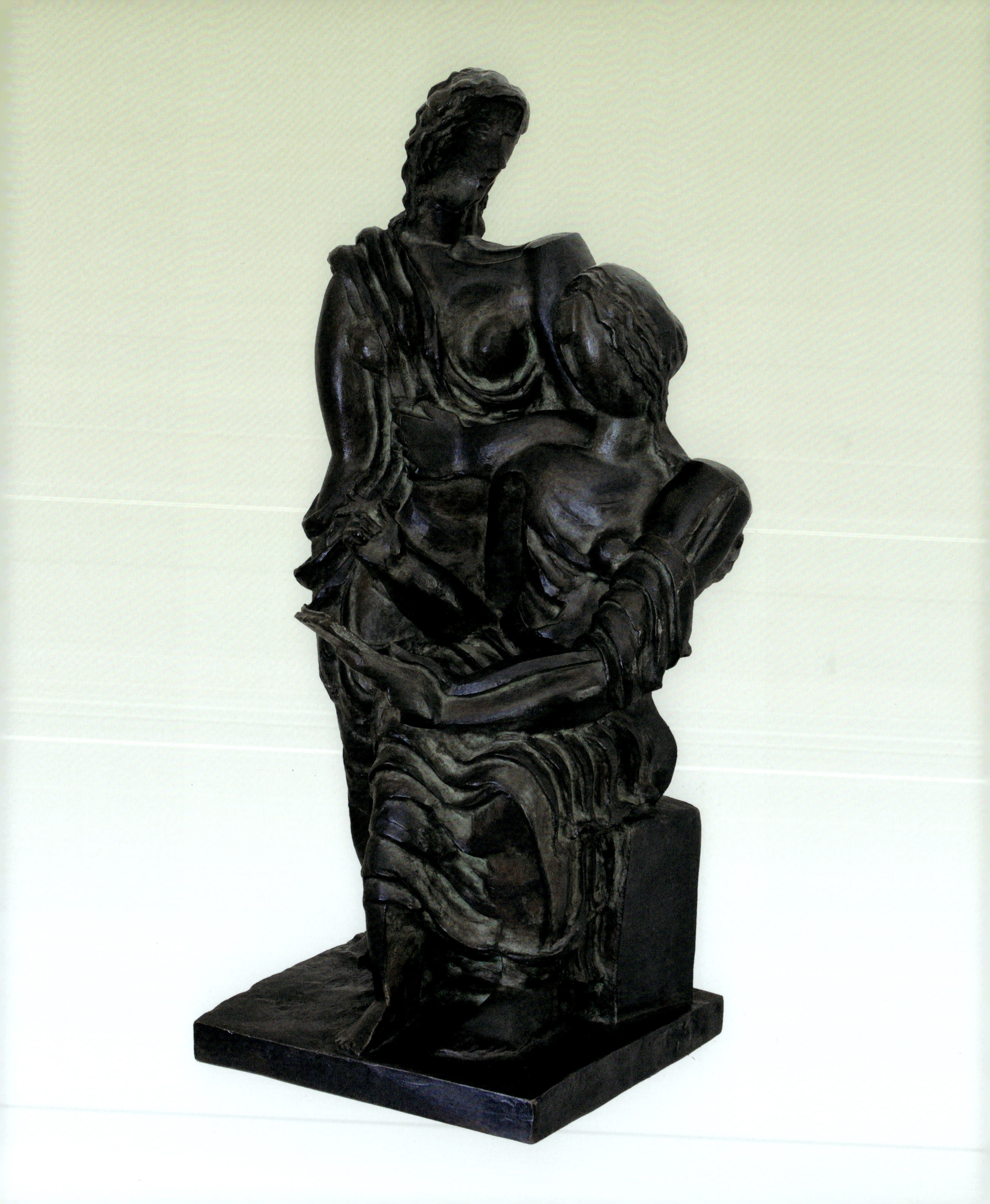

De boodschapper | The Messager

1937
brons | bronze
h. 58 cm
particuliere collectie | private collection

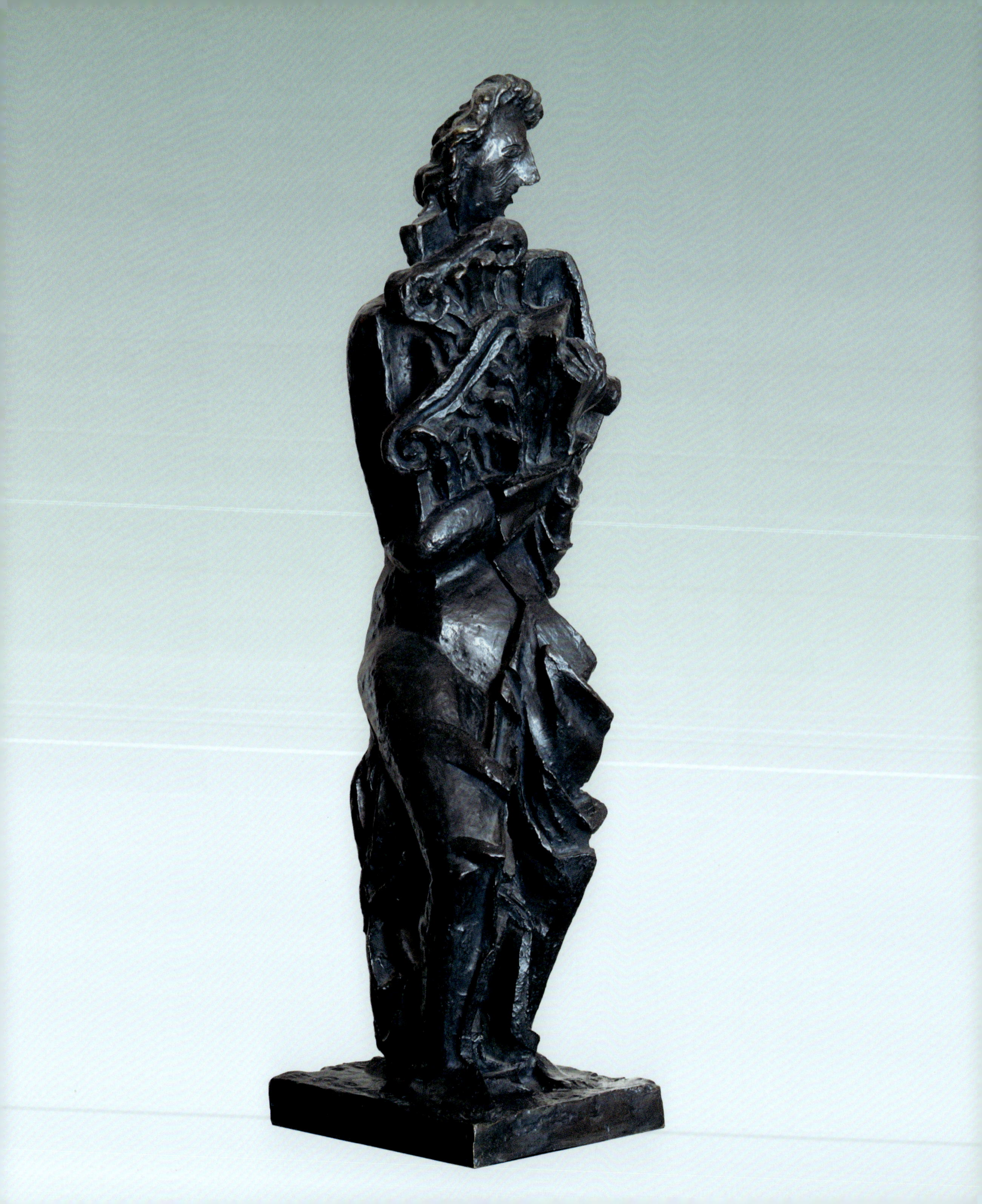

Kop van een man | Head of a Man

1935
lavasteen | lava stone
h. 42 cm
particuliere collectie | private collection

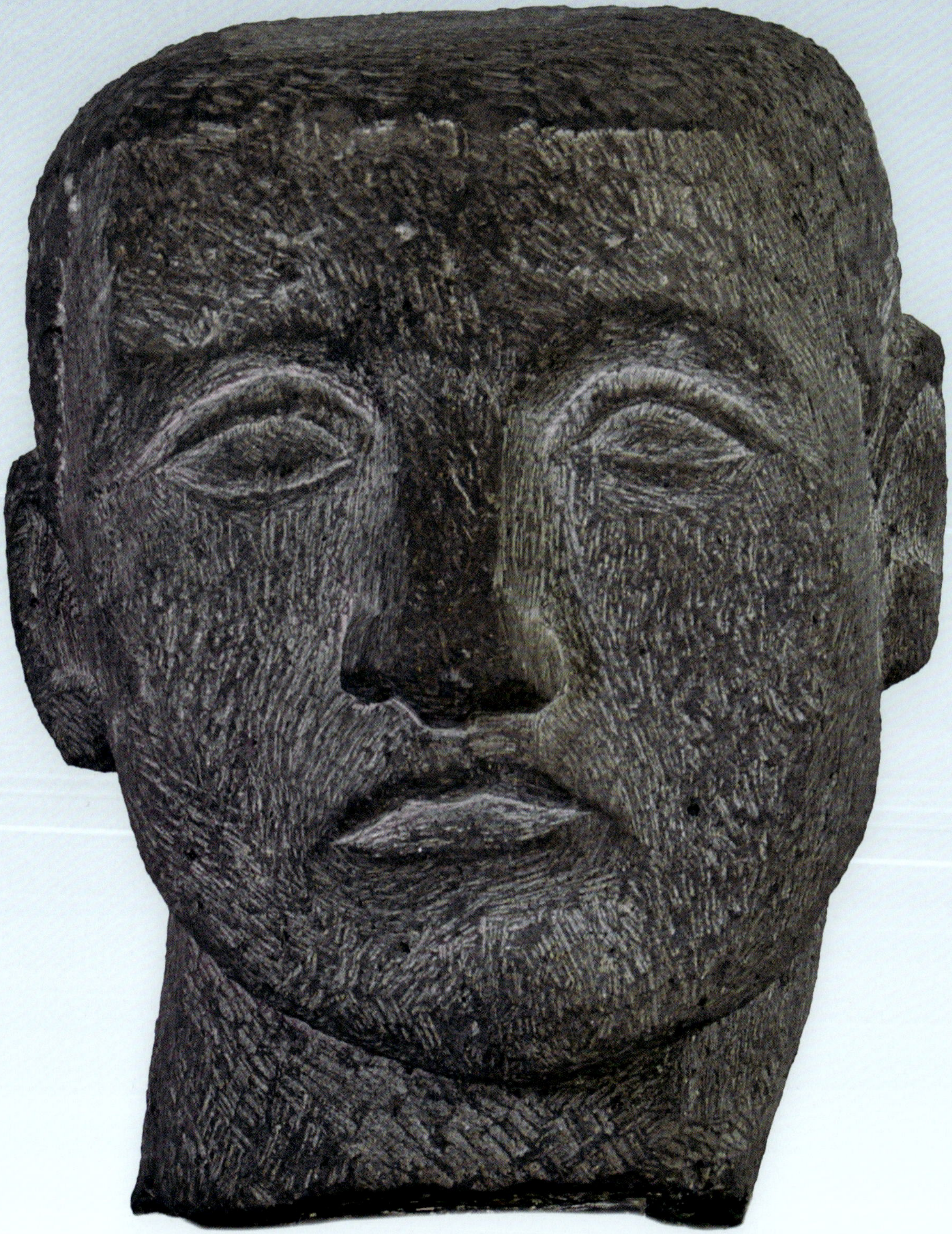

Vrouw met boeket | Woman with Bouquet

1934
gouache op papier | gouache on paper
63 × 42 cm
particuliere collectie | private collection

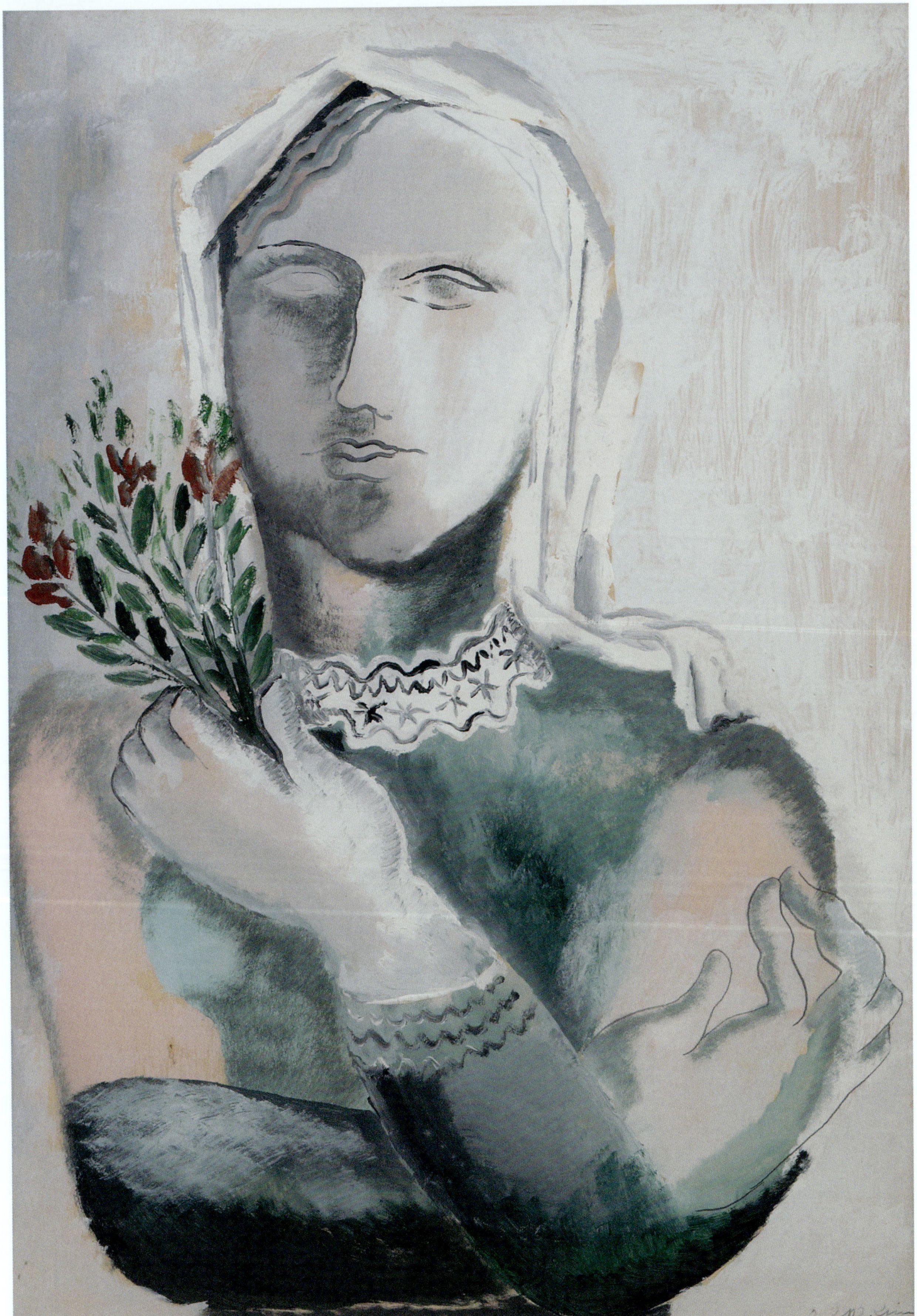

Diane

1937
brons | bronze
h. 65 cm
particuliere collectie | private collection
(c/o Zadkine Research Center)

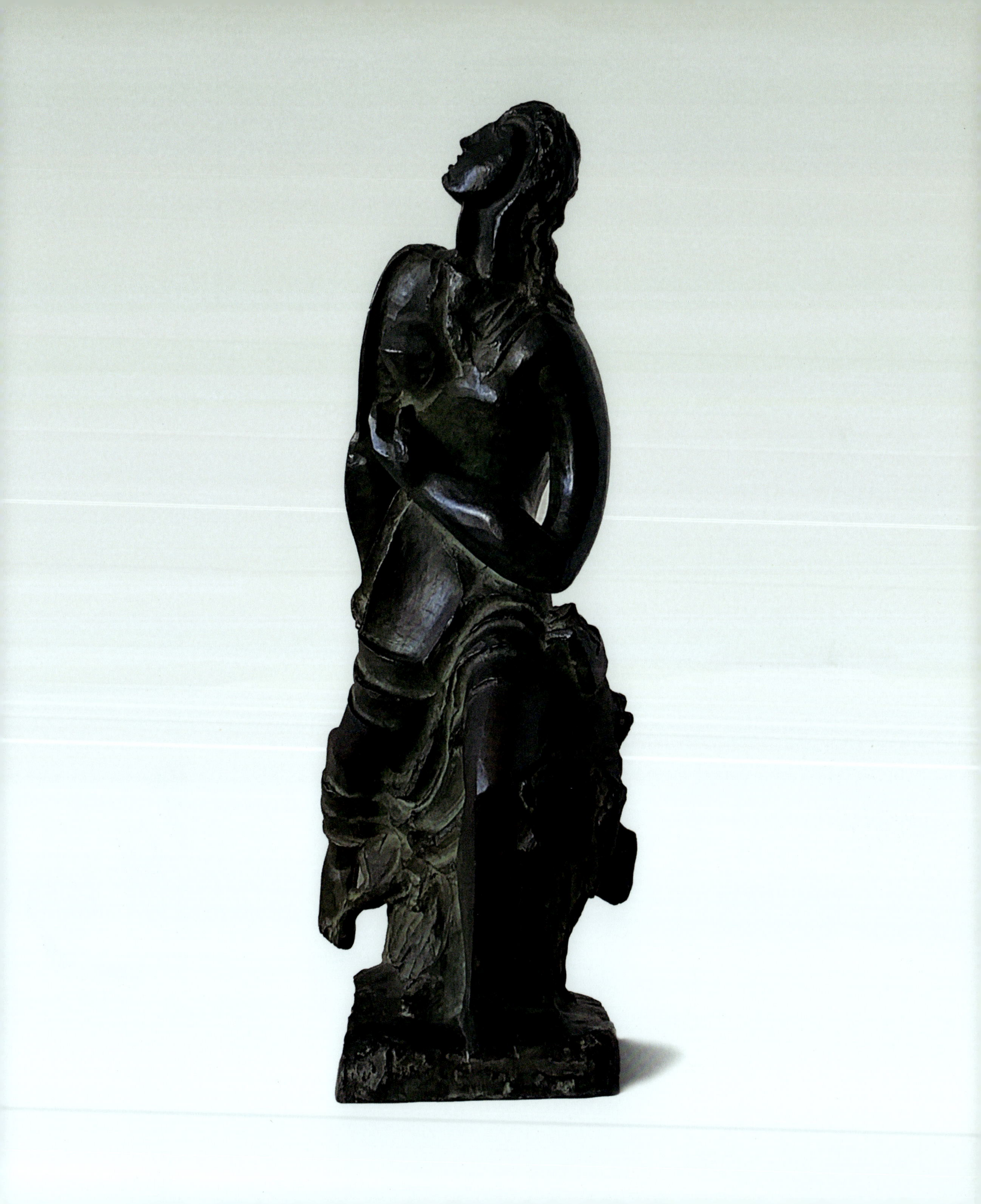

Diane

1939
amandelhout en ijzer | almond wood and iron
h. 105 cm
Museum de Fundatie, Zwolle & Heino/Wijhe

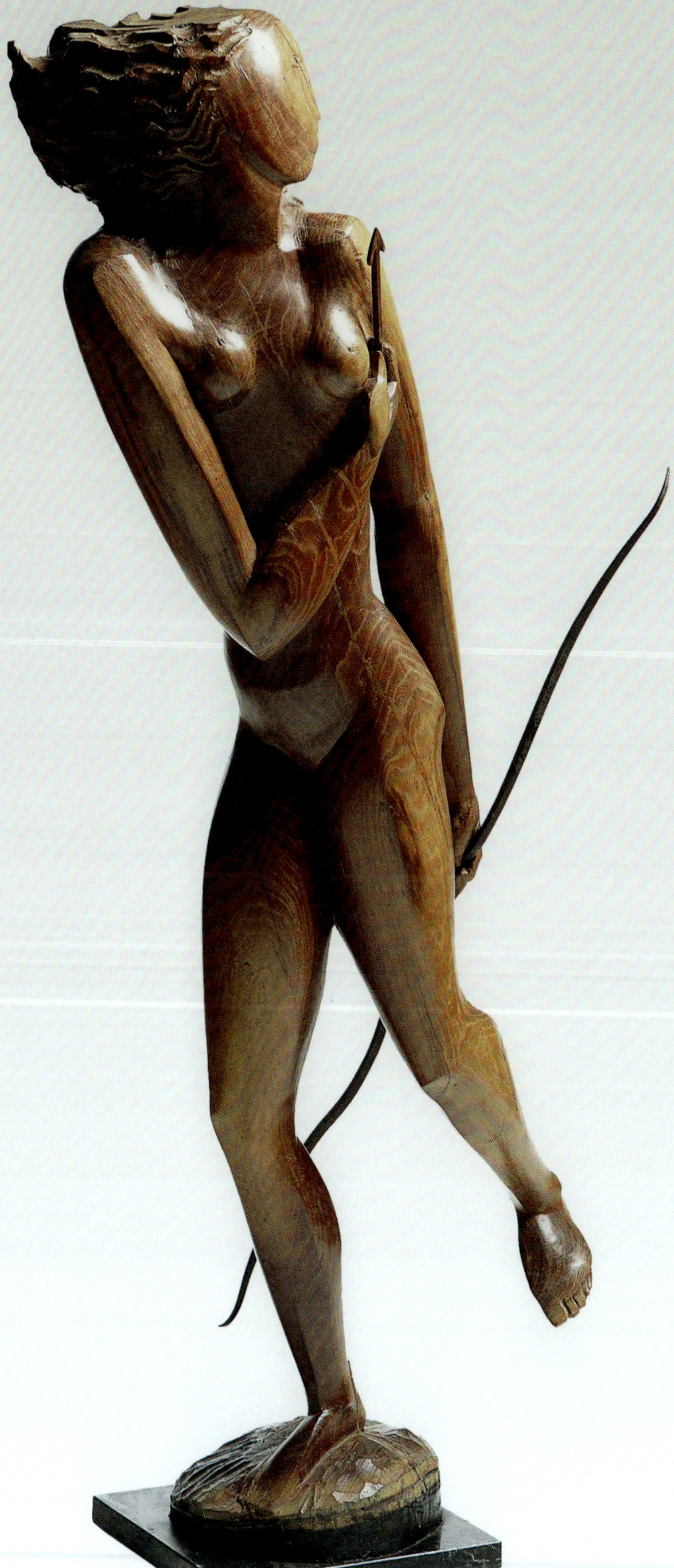

Het andere personage | The Other Character

1939
brons | bronze
h. 54 cm
particuliere collectie | private collection

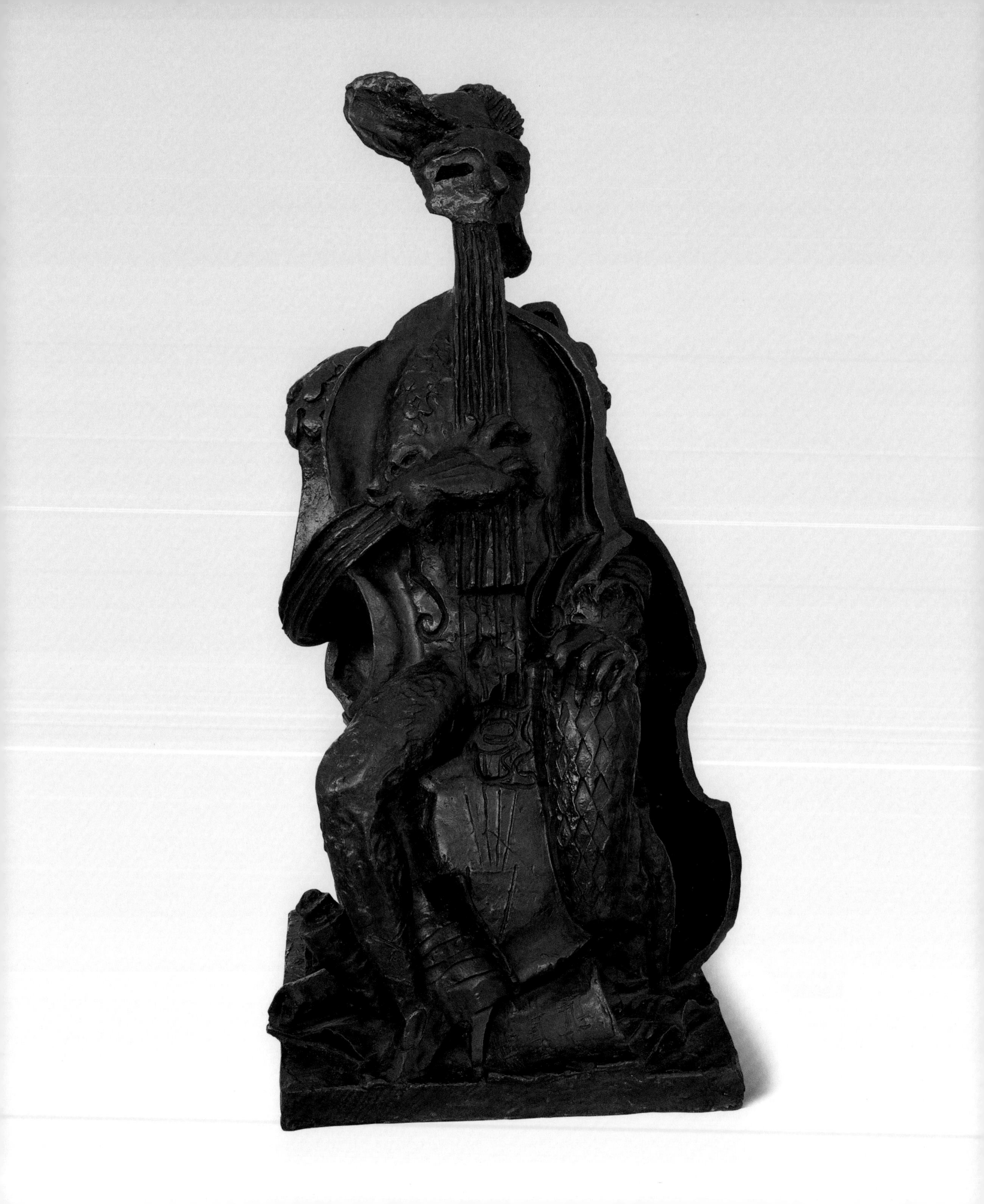

Muzikante | Musician

1941-1944
brons | bronze
h. 35 cm
particuliere collectie | private collection

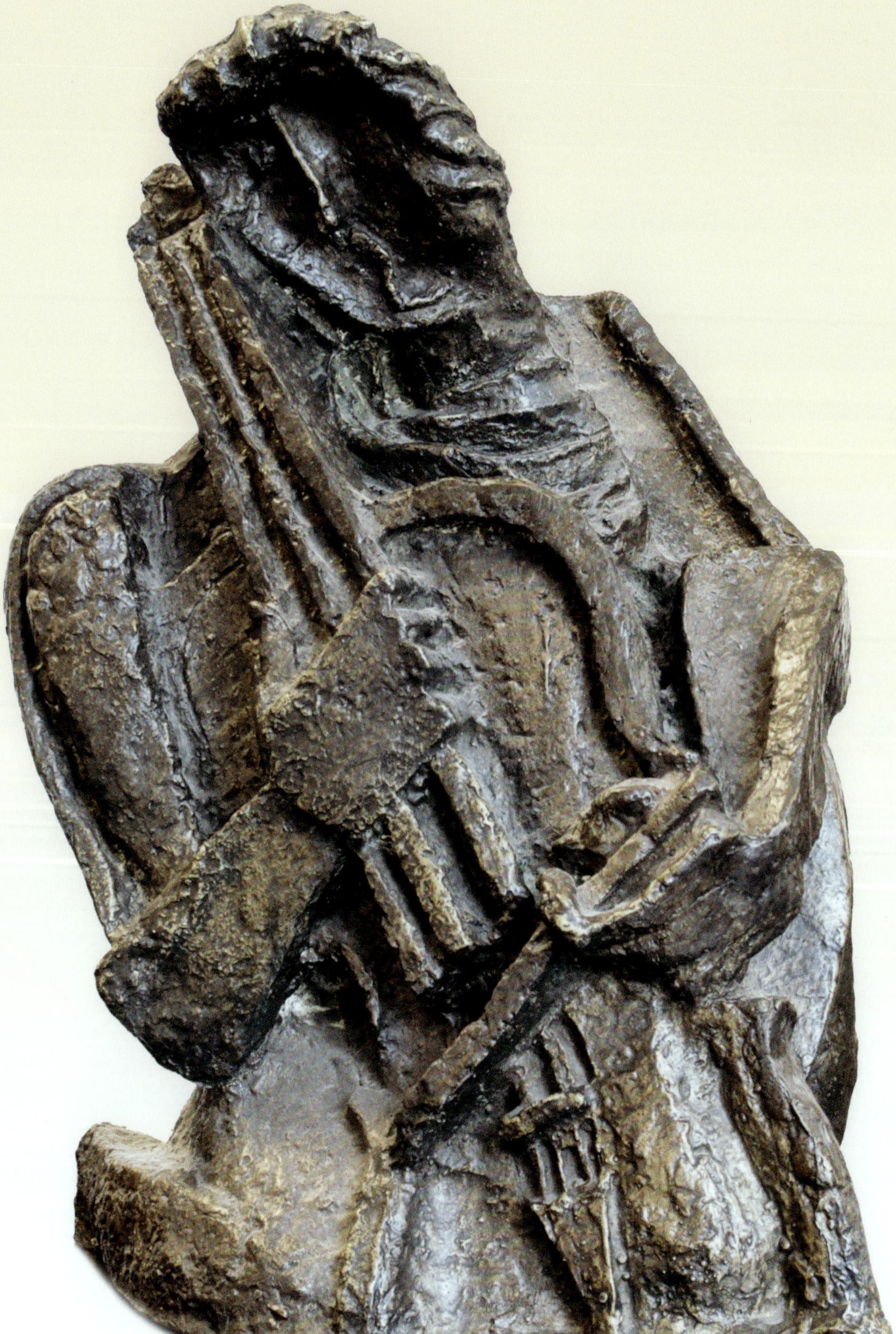

Cellospeelster | Cello Player

1943
brons | bronze
h. 44.5 cm
particuliere collectie | private collection

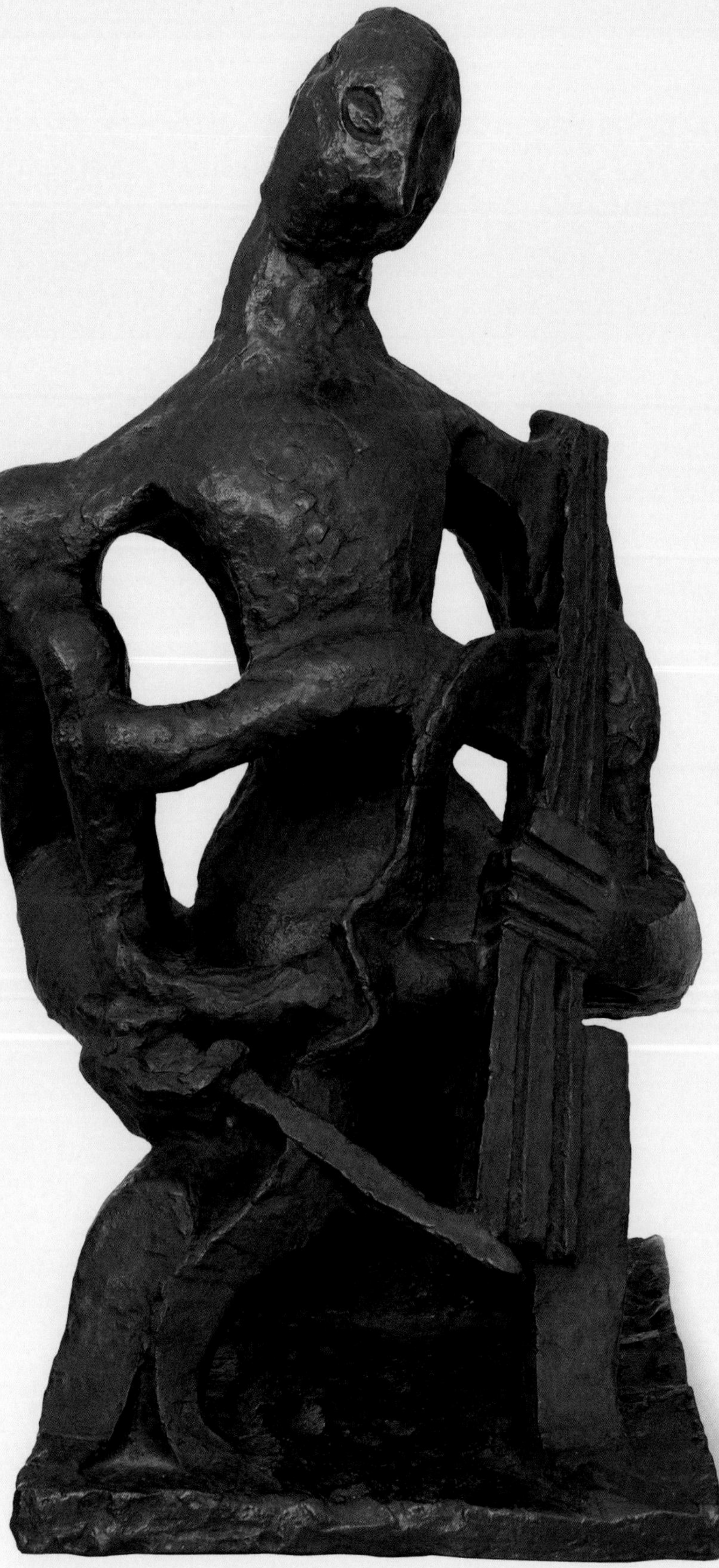

Vrouw met vogel | Woman with Bird

1943
steen | stone
h. 94 cm
Avans Hogeschool

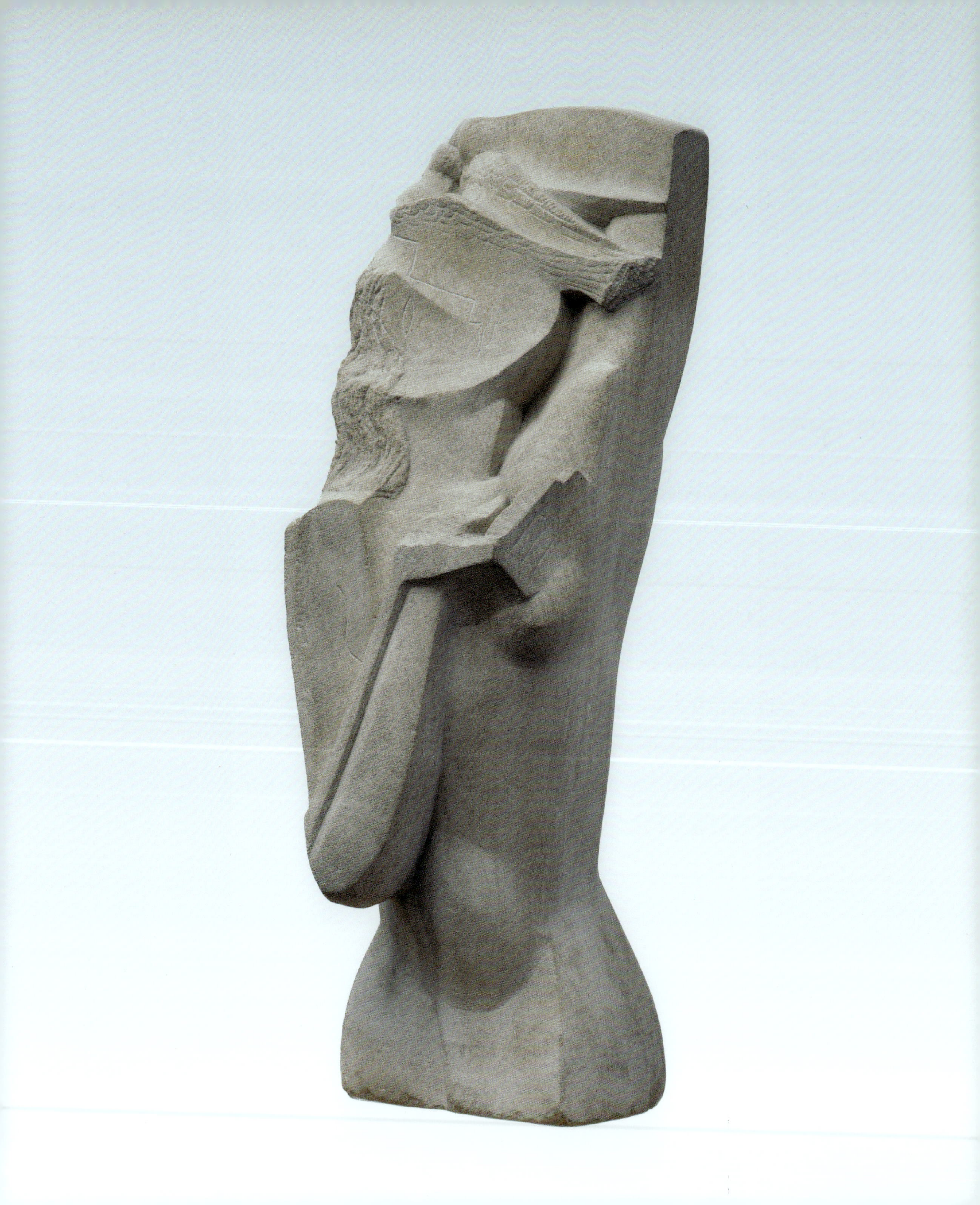

De verliefden | The Lovers

1945-1947
brons | bronze
h. 48 cm
particuliere collectie | private collection
(c/o Zadkine Research Center)

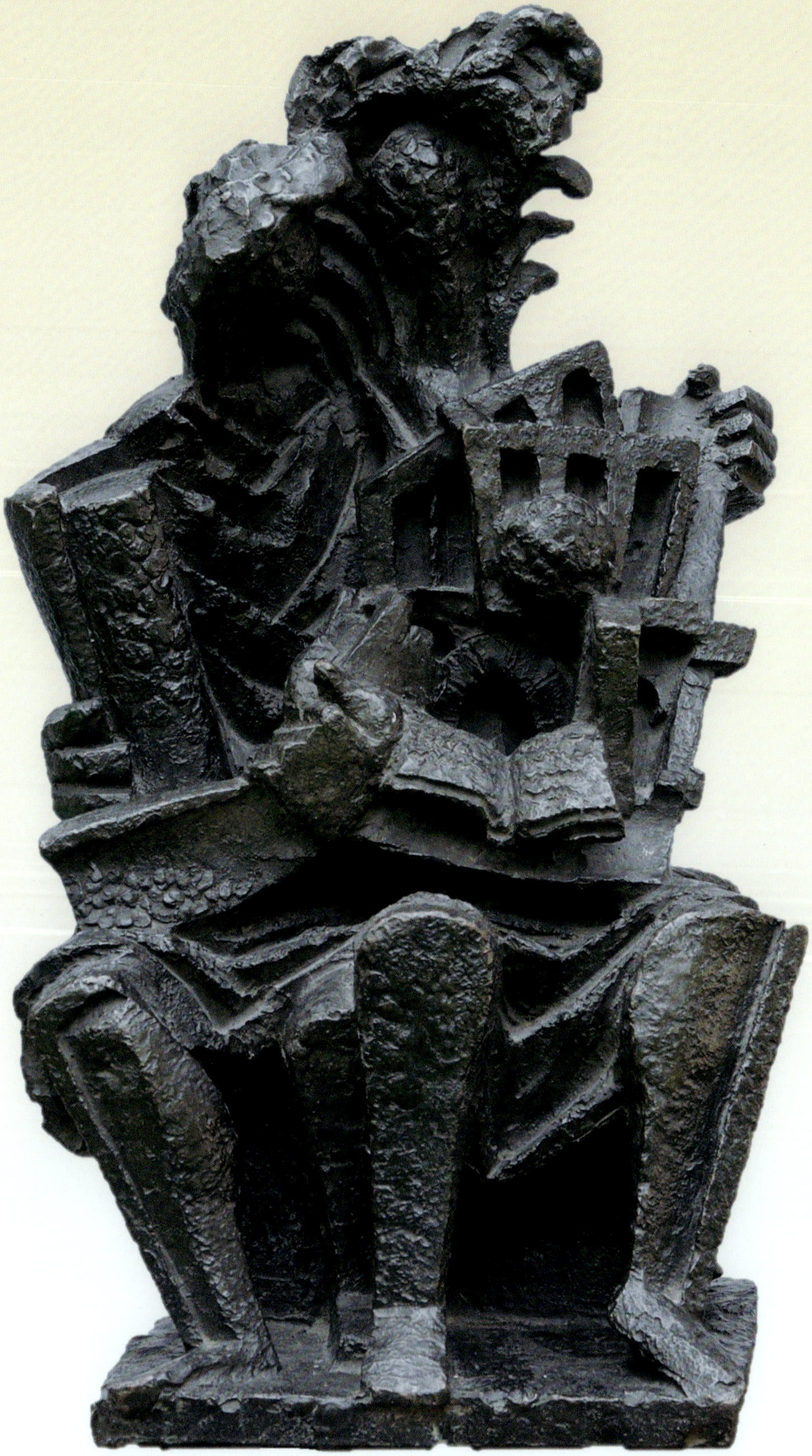

Madame Bernard

1943-1944
brons | bronze
h. 50.8 cm
particuliere collectie | private collection

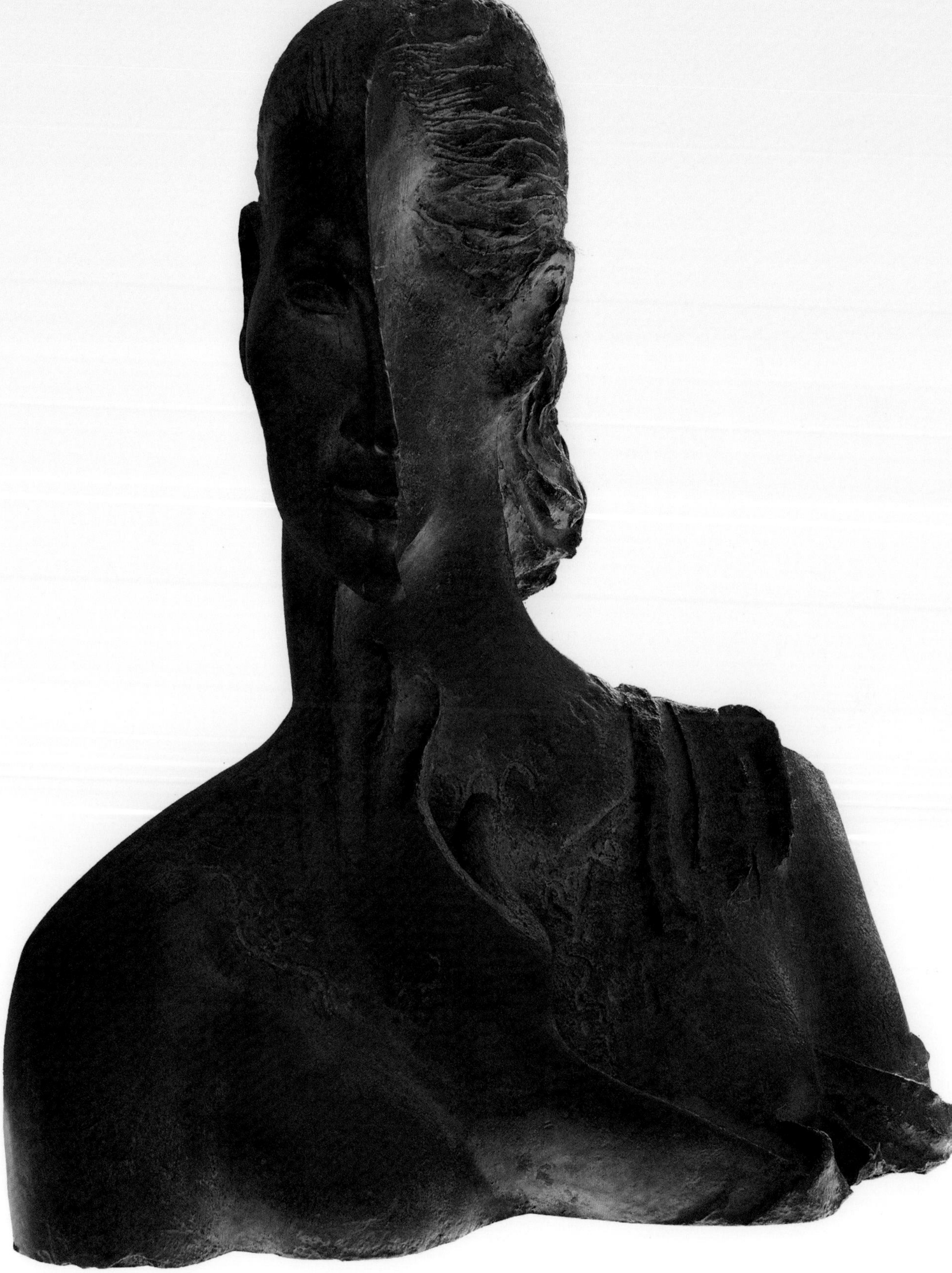

Narcissus

1950
brons | bronze
h. 77 cm
Museum Arnhem

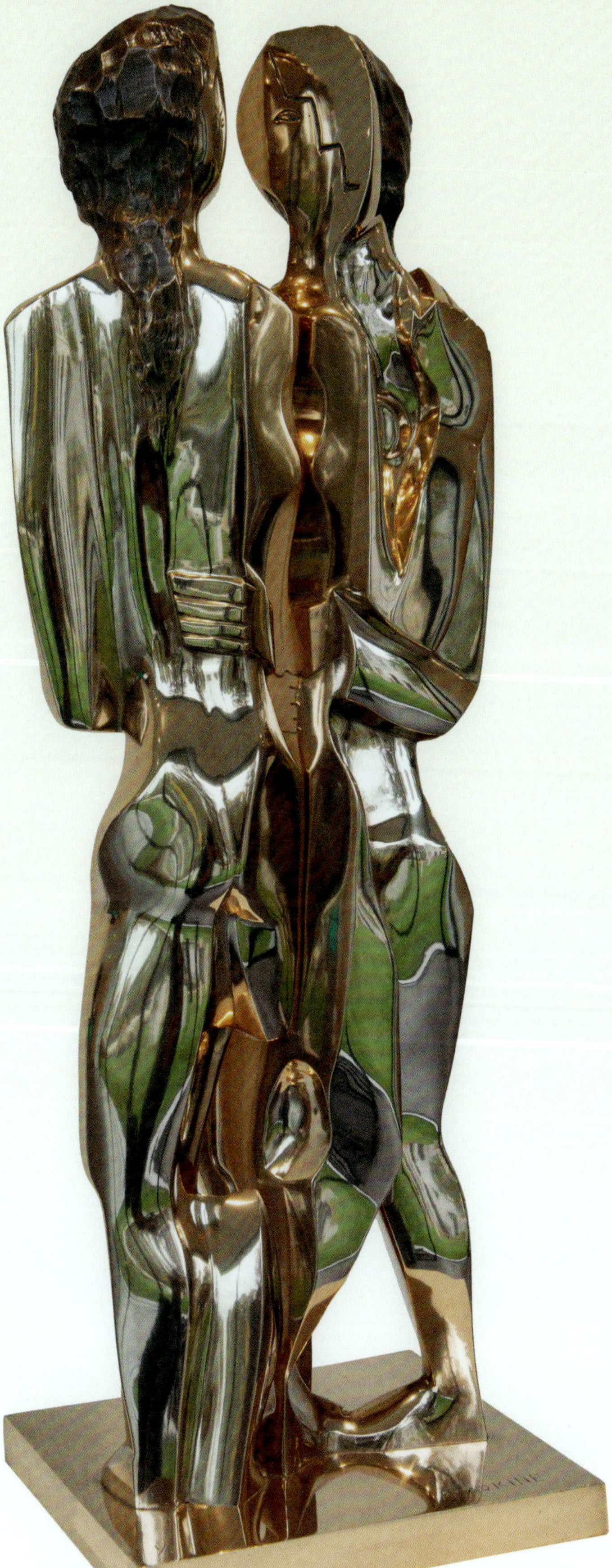

De drie gratiën | The Three Graces

1950
brons | bronze
h. 77 cm
Museum JAN, Amstelveen

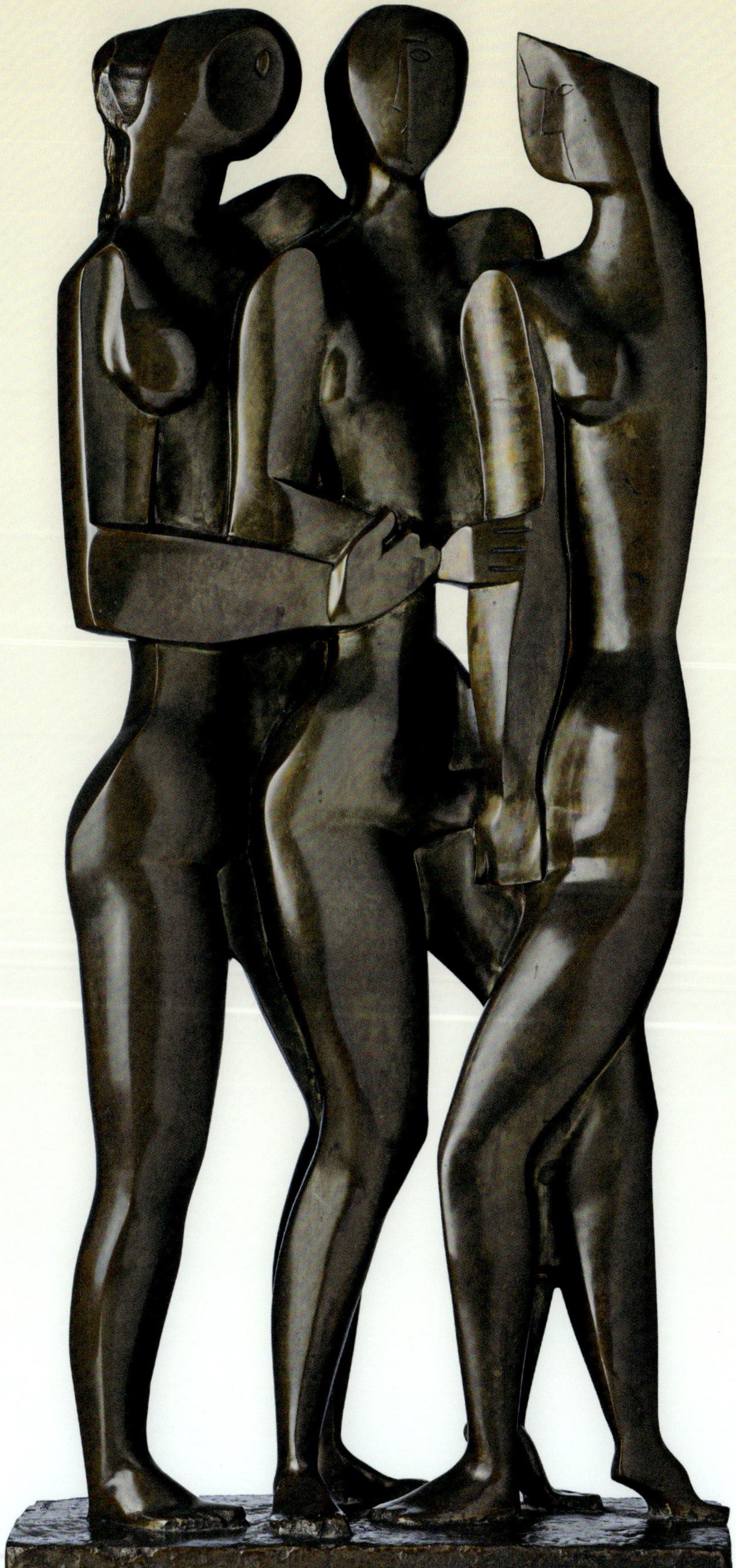

Centaur

1950
brons | bronze
h. 53 cm
particuliere collectie | private collection

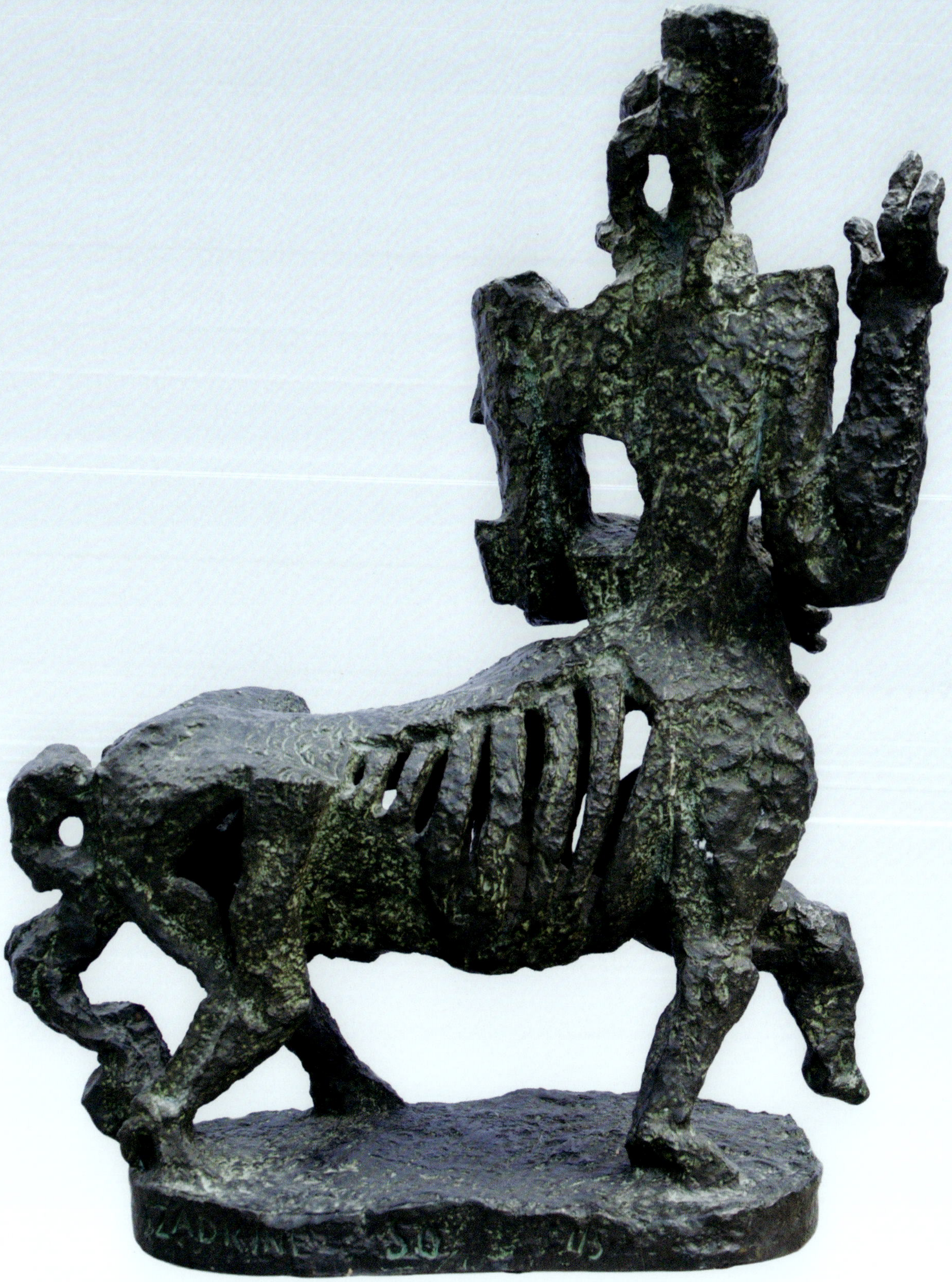
ZADKINE

Boerenfeest | Peasant's Feast

1959
gouache op papier | gouache on paper
63 x 43 cm
particuliere collectie | private collection

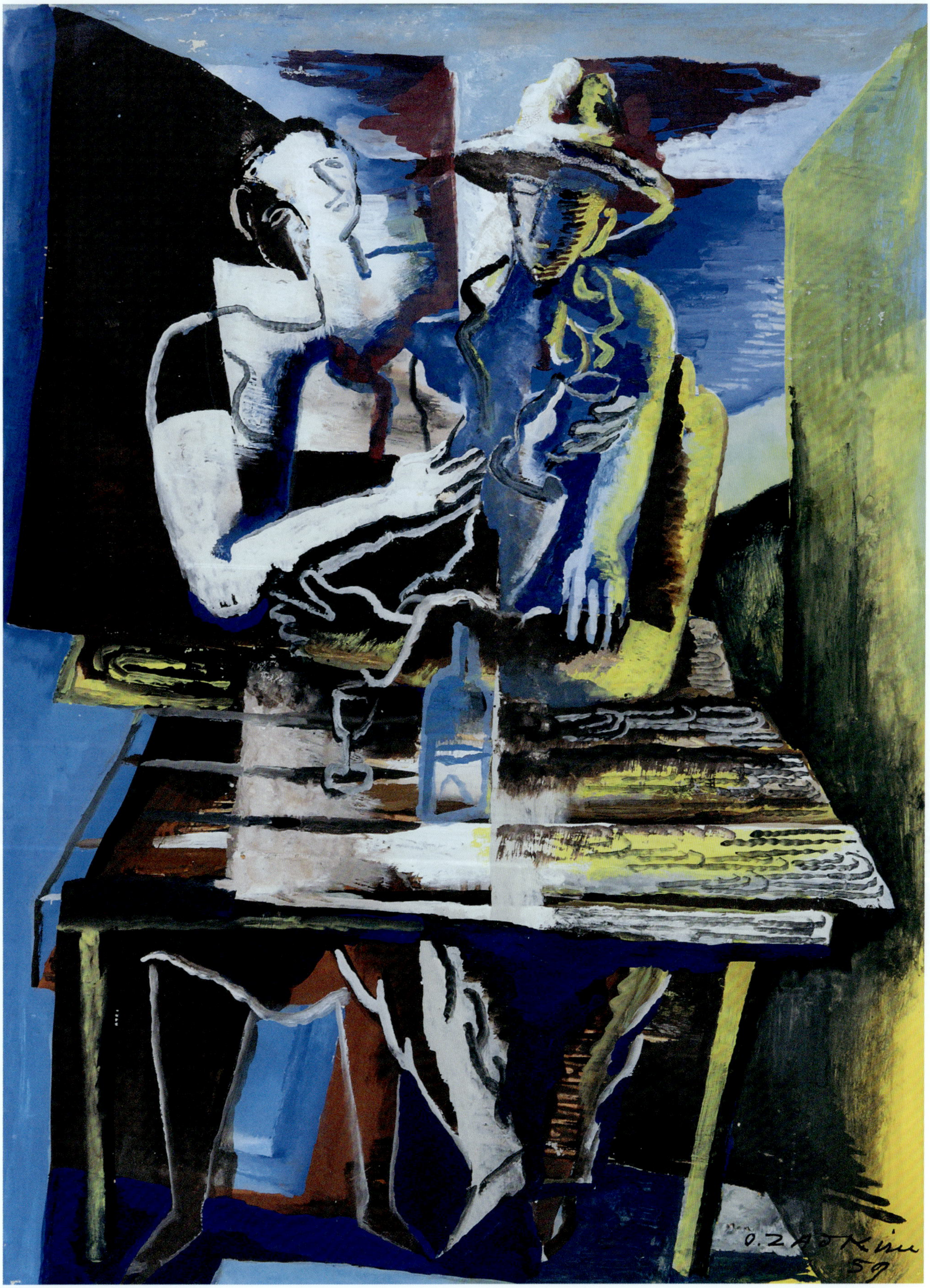
O. ZADKINE
59

De terugkeer van de verloren zoon
The Return of the Prodigal Son

1952
ebbenhout | ebony
h. 118 cm
Stedelijk Museum Schiedam

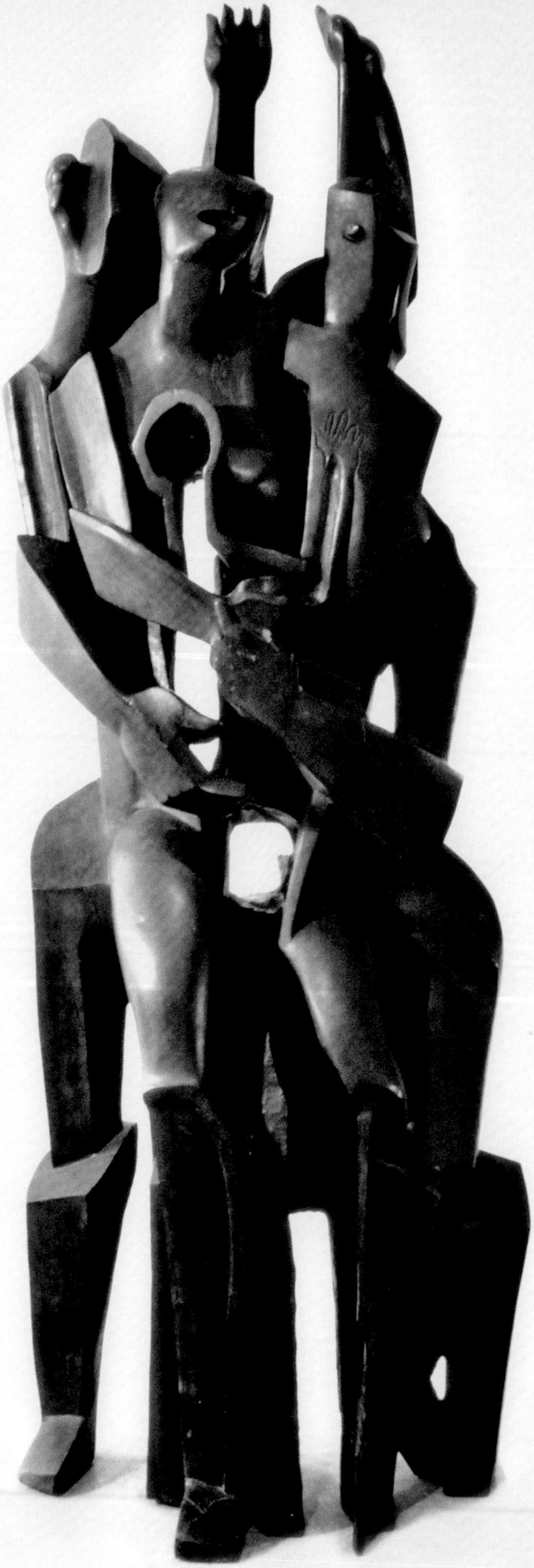

De verwoeste stad | The Destroyed City

1947-1951
brons | bronze
h. 128 cm
De Bijenkorf

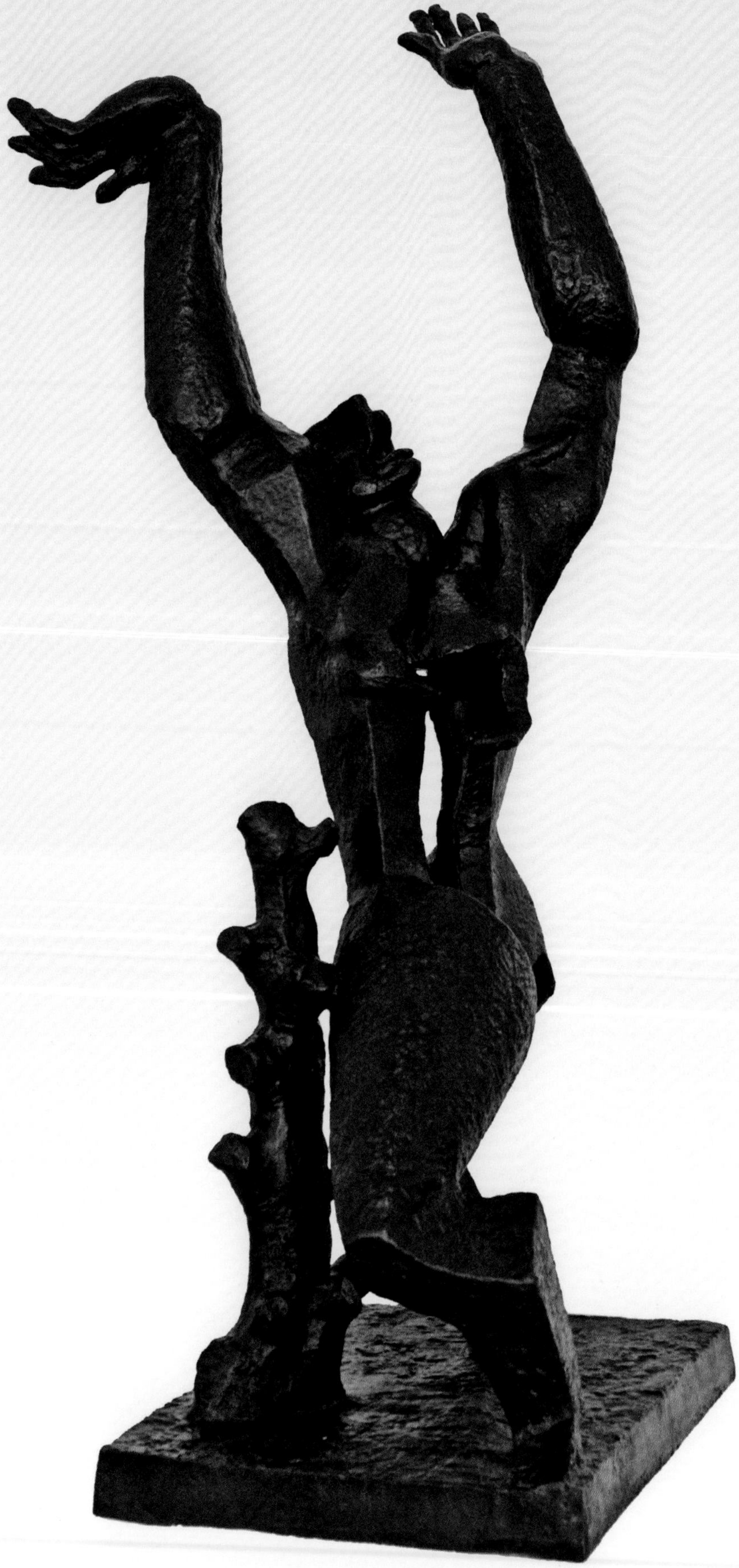

De strijd | The Struggle

1966
brons | bronze
h. 48 cm
particuliere collectie | private collection

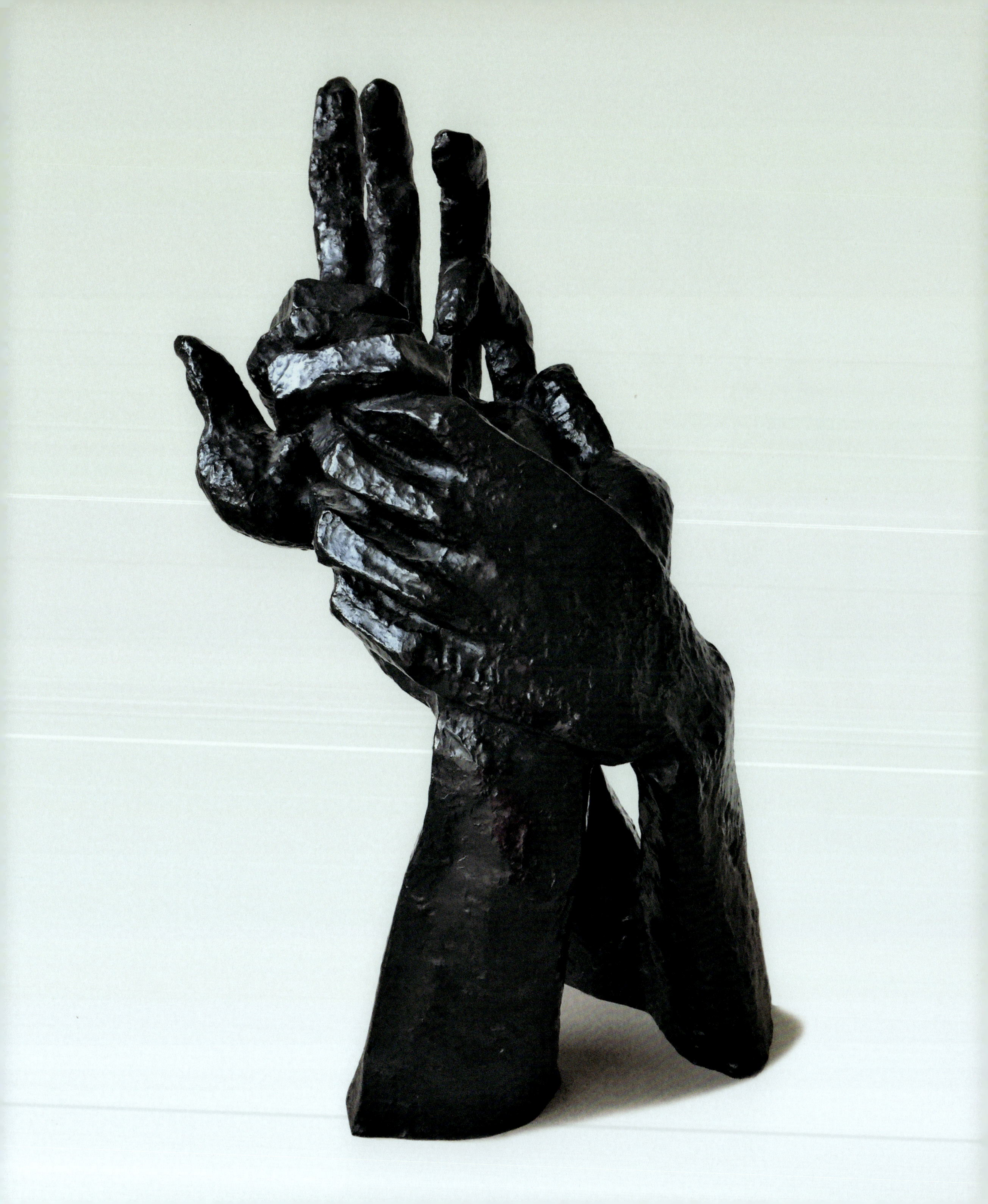

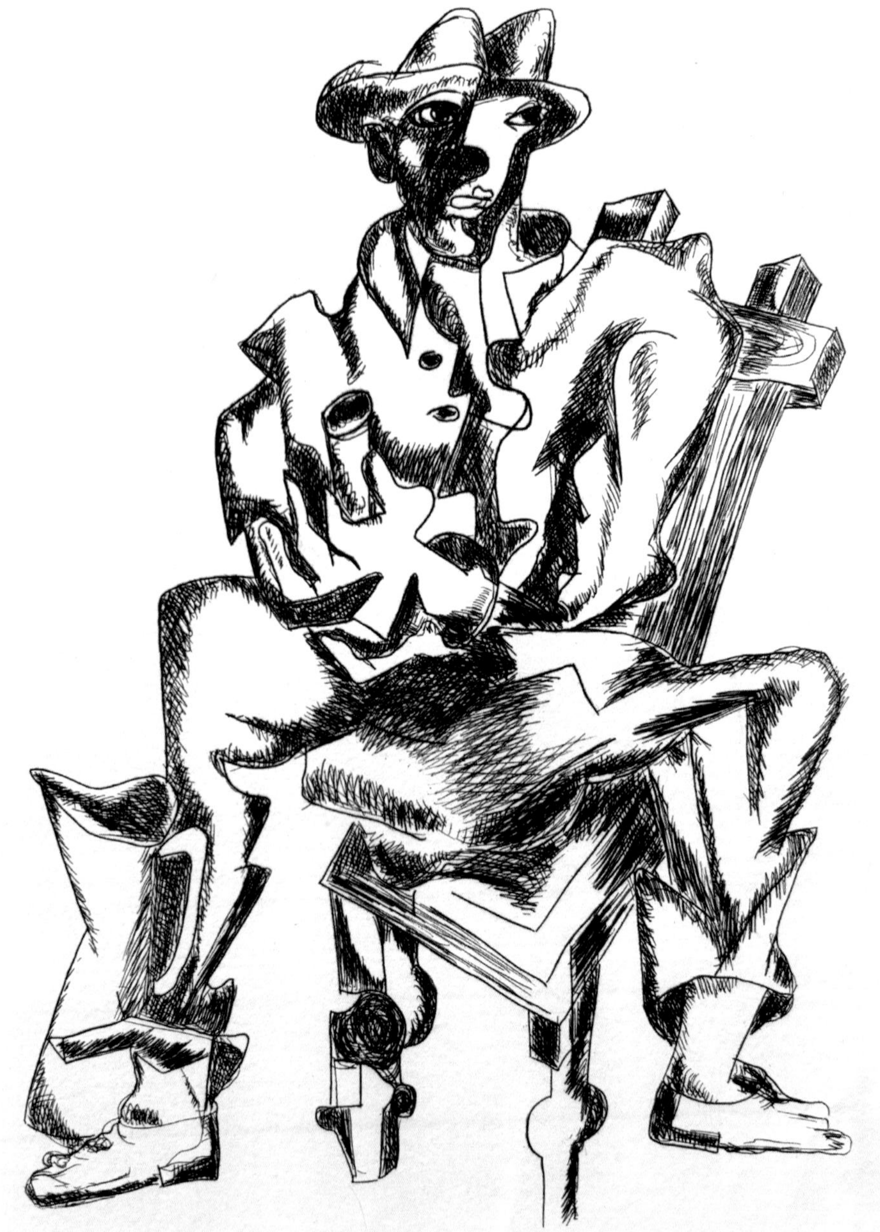

De tegenslag | The Misfortune
1967
ets | etching
28,2 × 20,7 cm
particuliere collectie | private collection

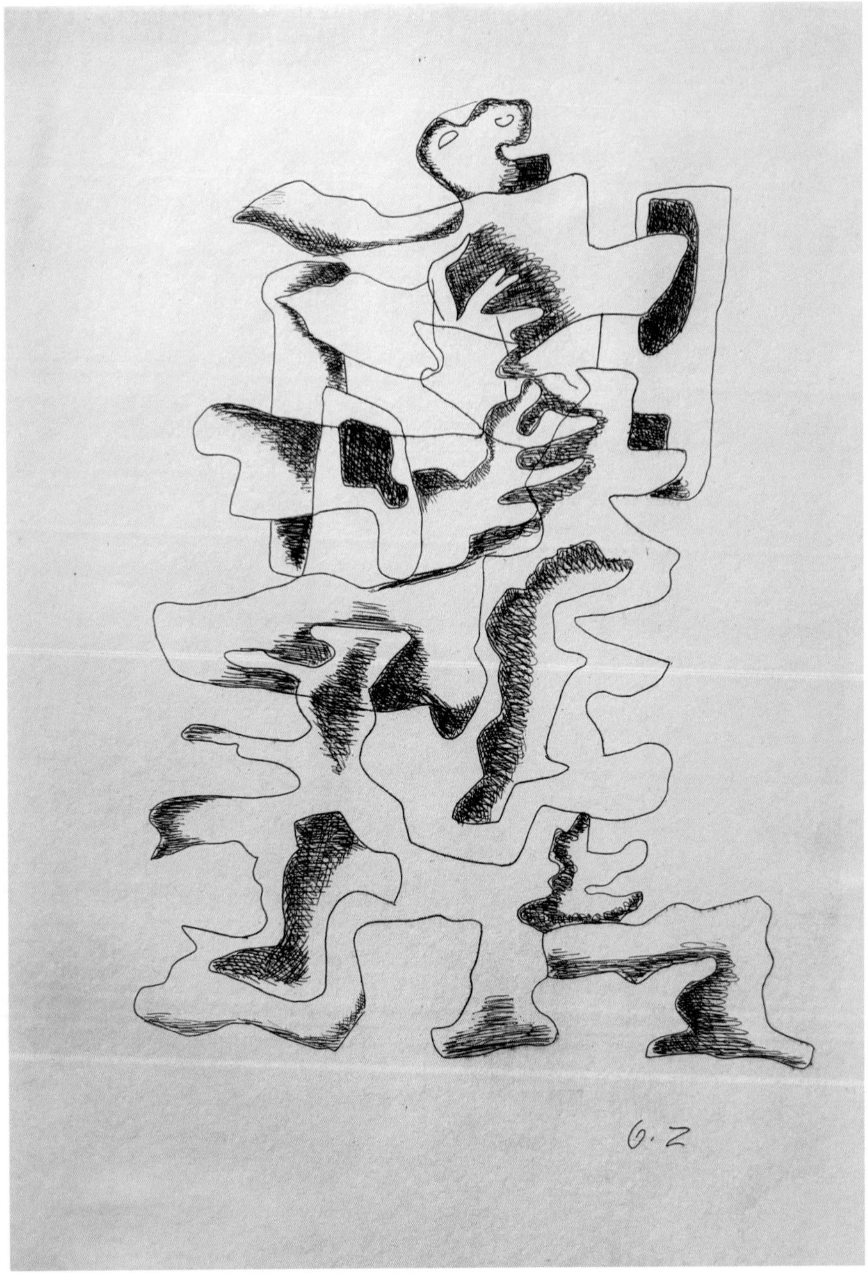

L'Homme reflet
(naar: | after: Max Jacob)
1964
ets | etching
34,5 × 24,8 cm
particuliere collectie | private collection

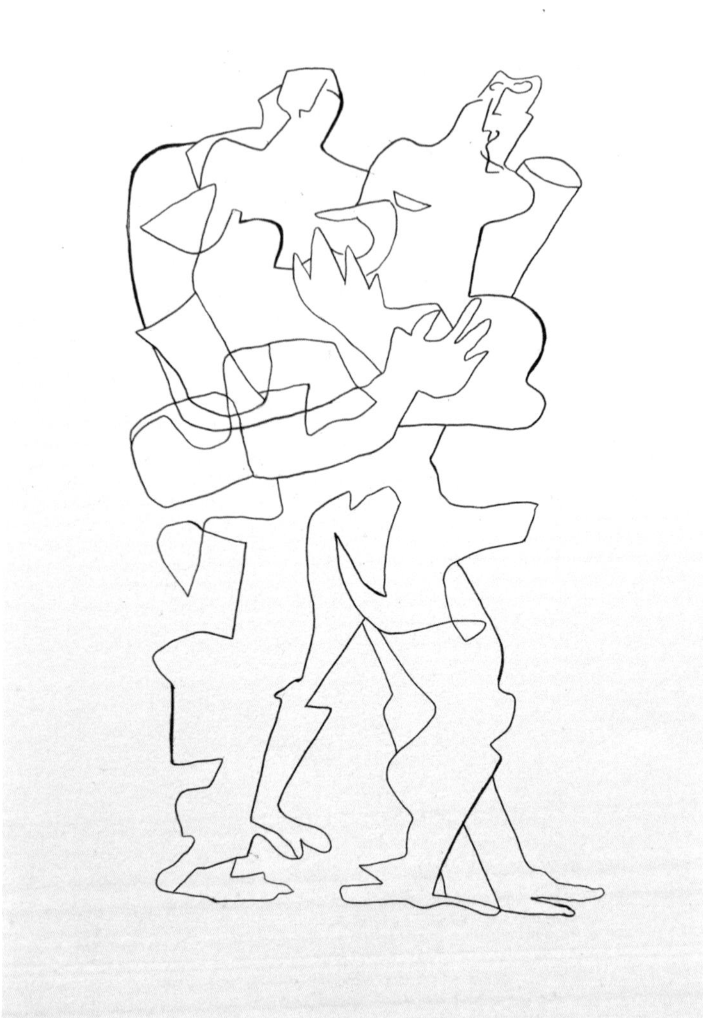

Ceux qui sont partis à la guerre au Nord se battent maintenant
(uit: | from: Sept Calligrammes d'Apollinaire)
1967
ets | etching
30,7 × 21,7 cm
particuliere collectie | private collection

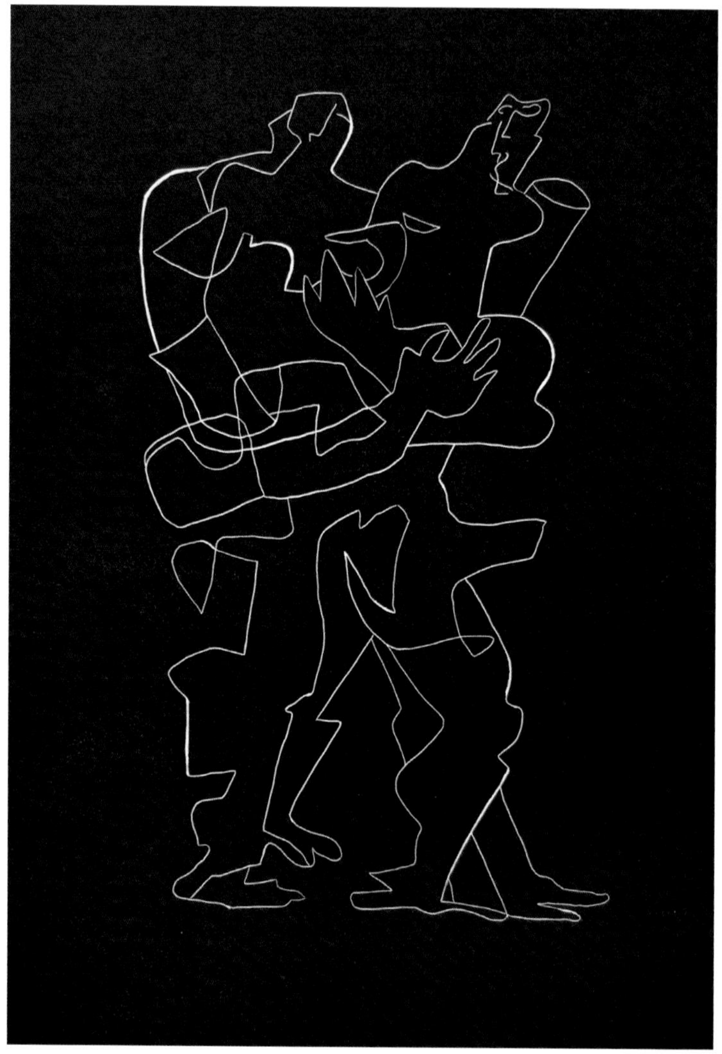

Enfants aux mains coupees parmi les poses oriflammes
(uit: | from: Sept Calligrammes d'Apollinaire)
1967
ets | etching
30,7 × 21,7 cm
particuliere collectie | private collection

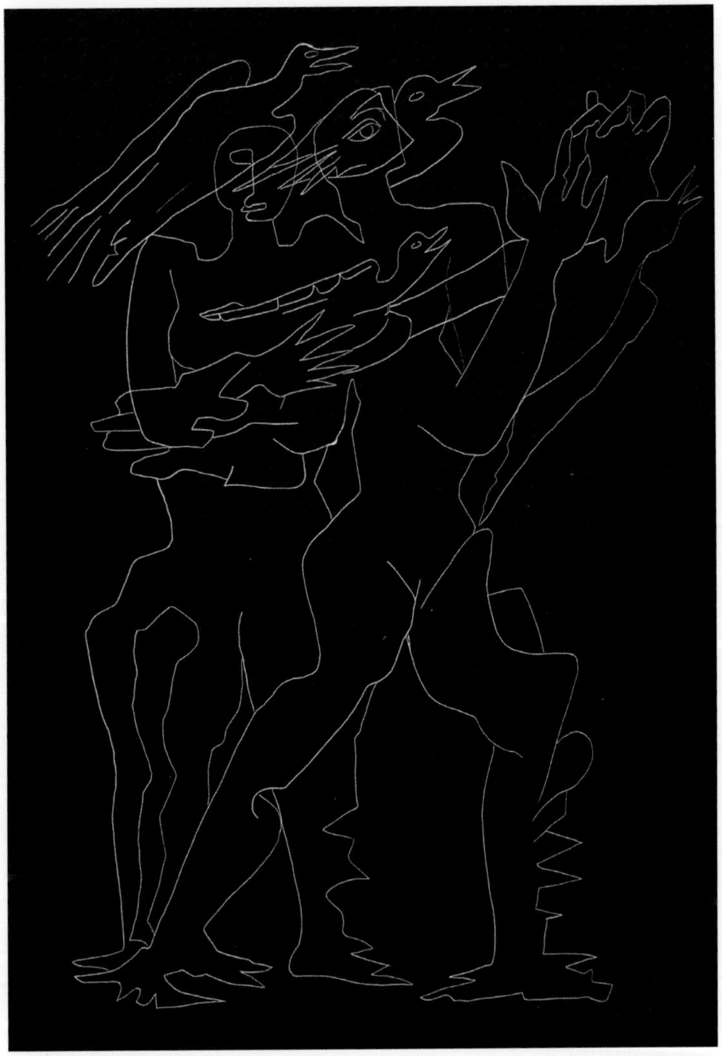

L'invisible ennemi plaie d'argent au soleil
(uit: | from: Sept Calligrammes d'Apollinaire)
1967
ets | etching
31,6 × 22,6 cm
particuliere collectie | private collection

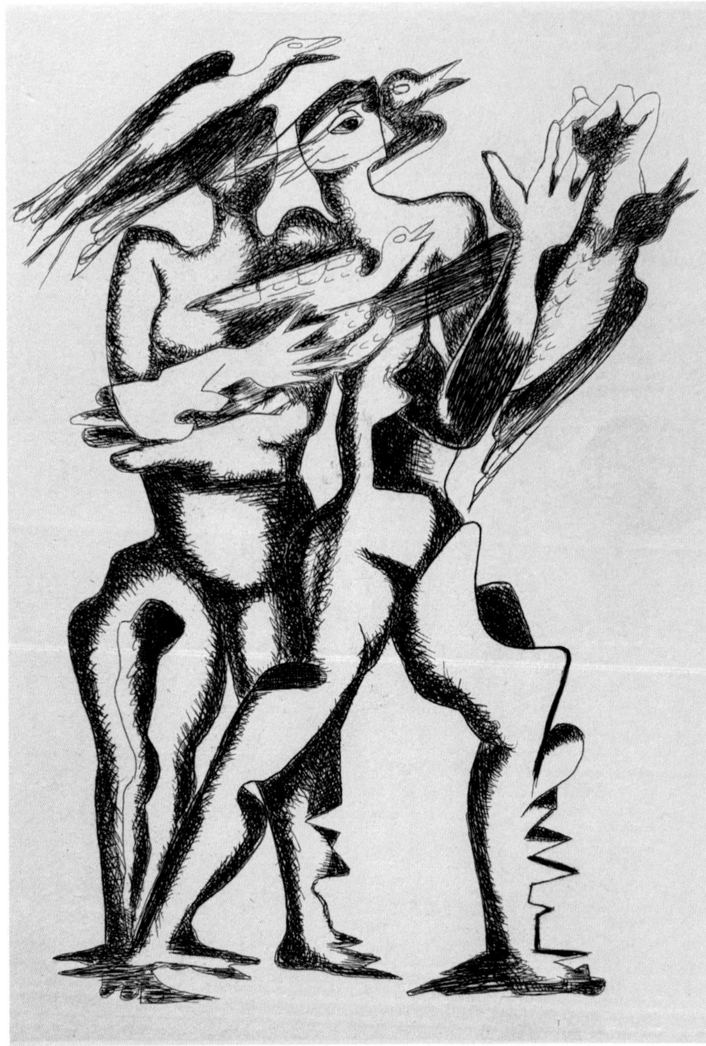

O Batailles! La terre tremble comme une mandoline
(uit: | from: Sept Calligrammes d'Apollinaire)
1967
ets | etching
31,8 × 22,8 cm
particuliere collectie | private collection

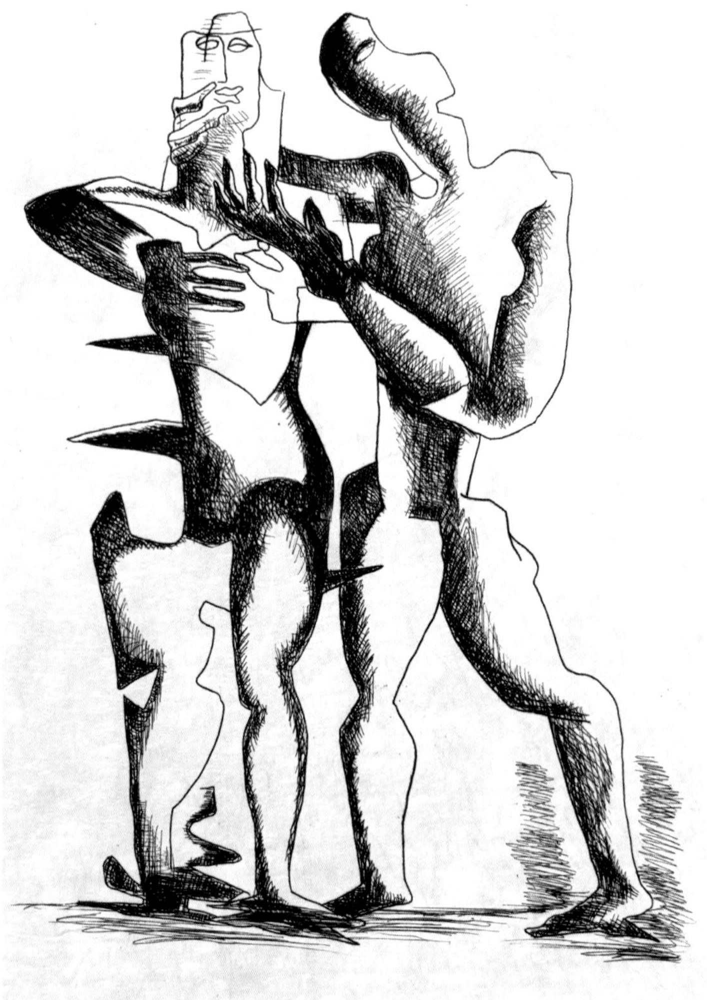

Hauteurs inimaginables où l'homme combat
(uit: | from: Sept Calligrammes d'Apollinaire)
1967
ets | etching
30,7 × 21,8 cm
particuliere collectie | private collection

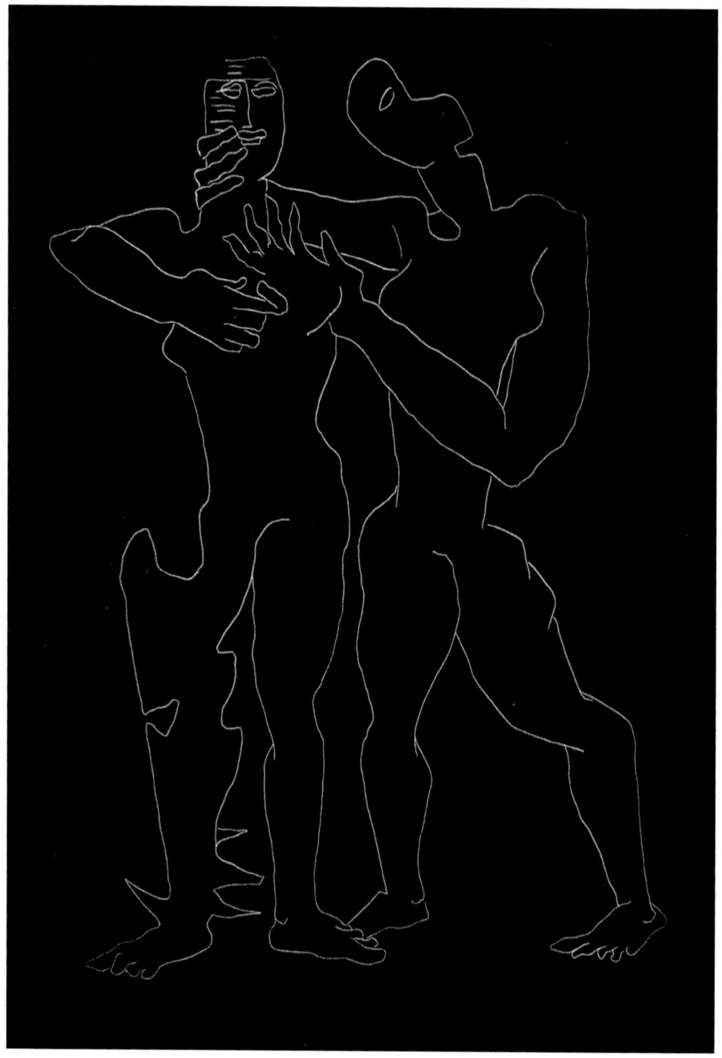

O pluie, o ma musique
(uit: | from: Sept Calligrammes d'Apollinaire)
1967
ets | etching
30,7 × 21,6 cm
particuliere collectie | private collection

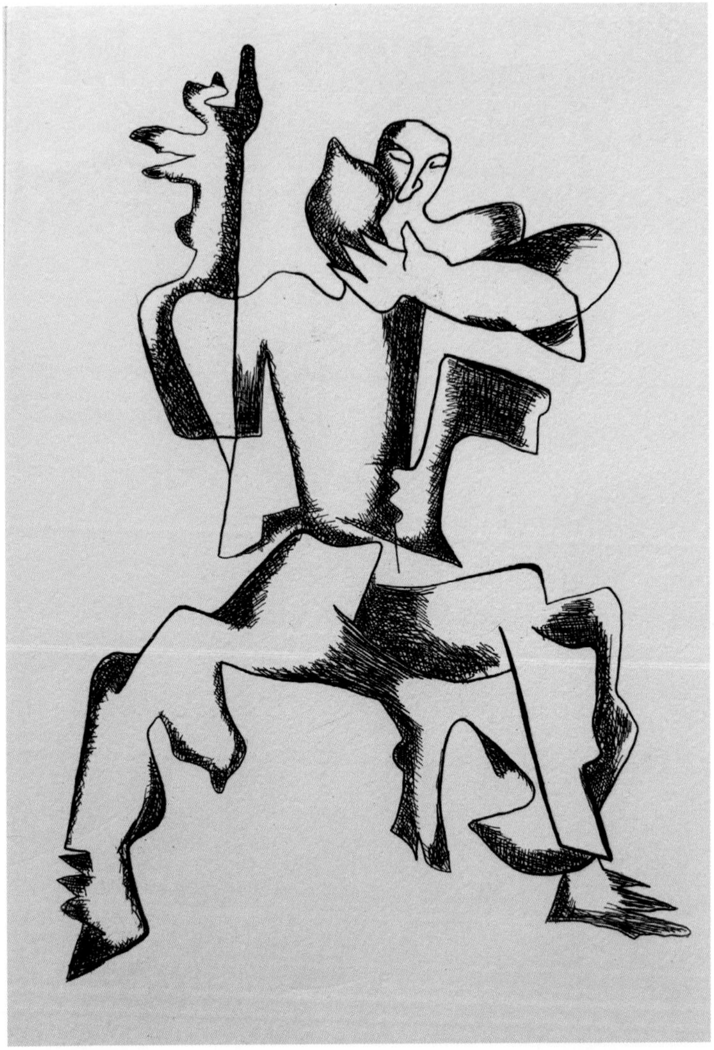

Les villes tour à tour deviennent des clefs
(uit: | from: Sept Calligrammes d'Apollinaire)
1967
ets | etching
30,7 × 21,7 cm
particuliere collectie | private collection

De droom | The Dream

1955
kleurenlitho | colour lithograph
59 × 43,8 cm
particuliere collectie | private collection

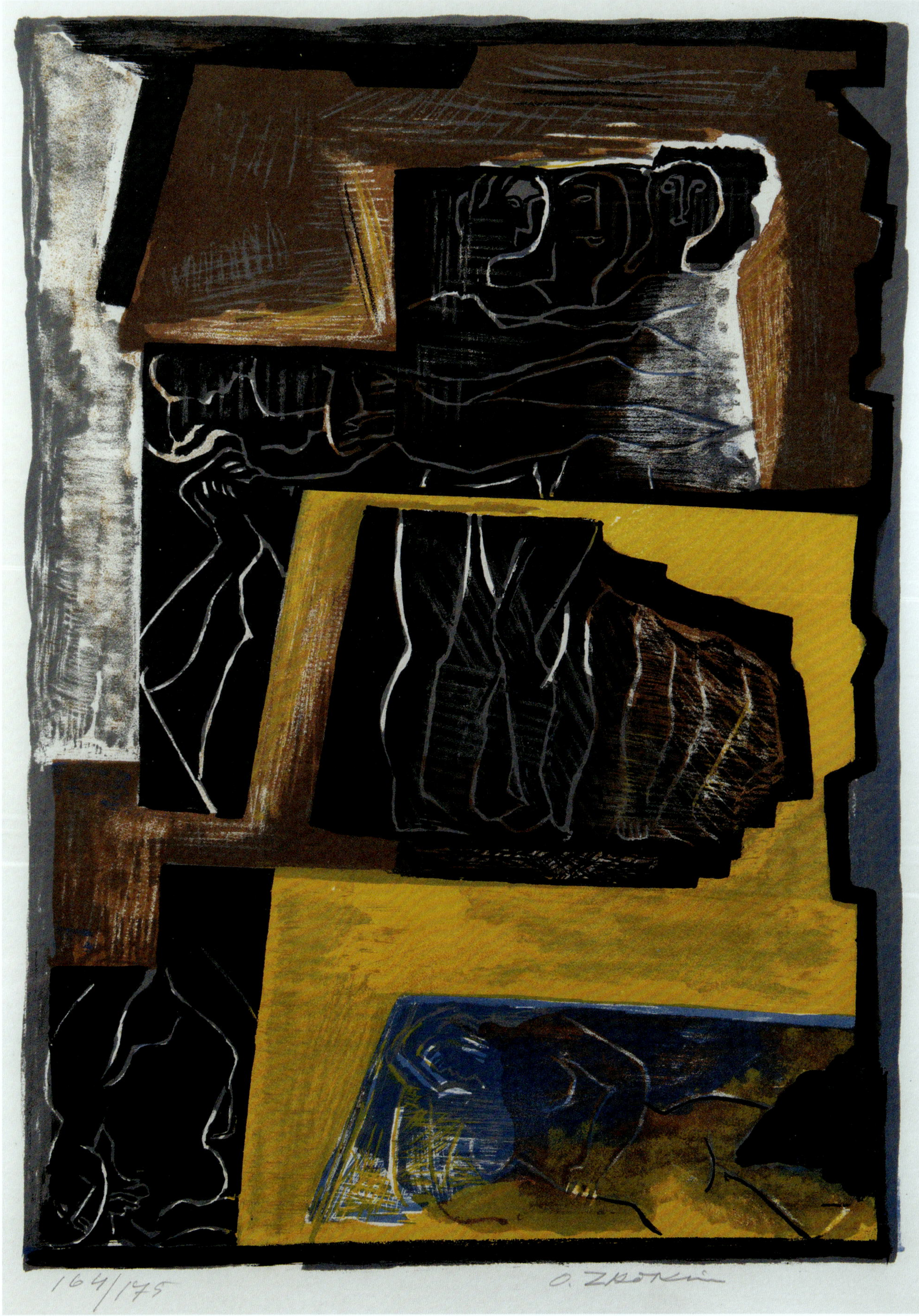

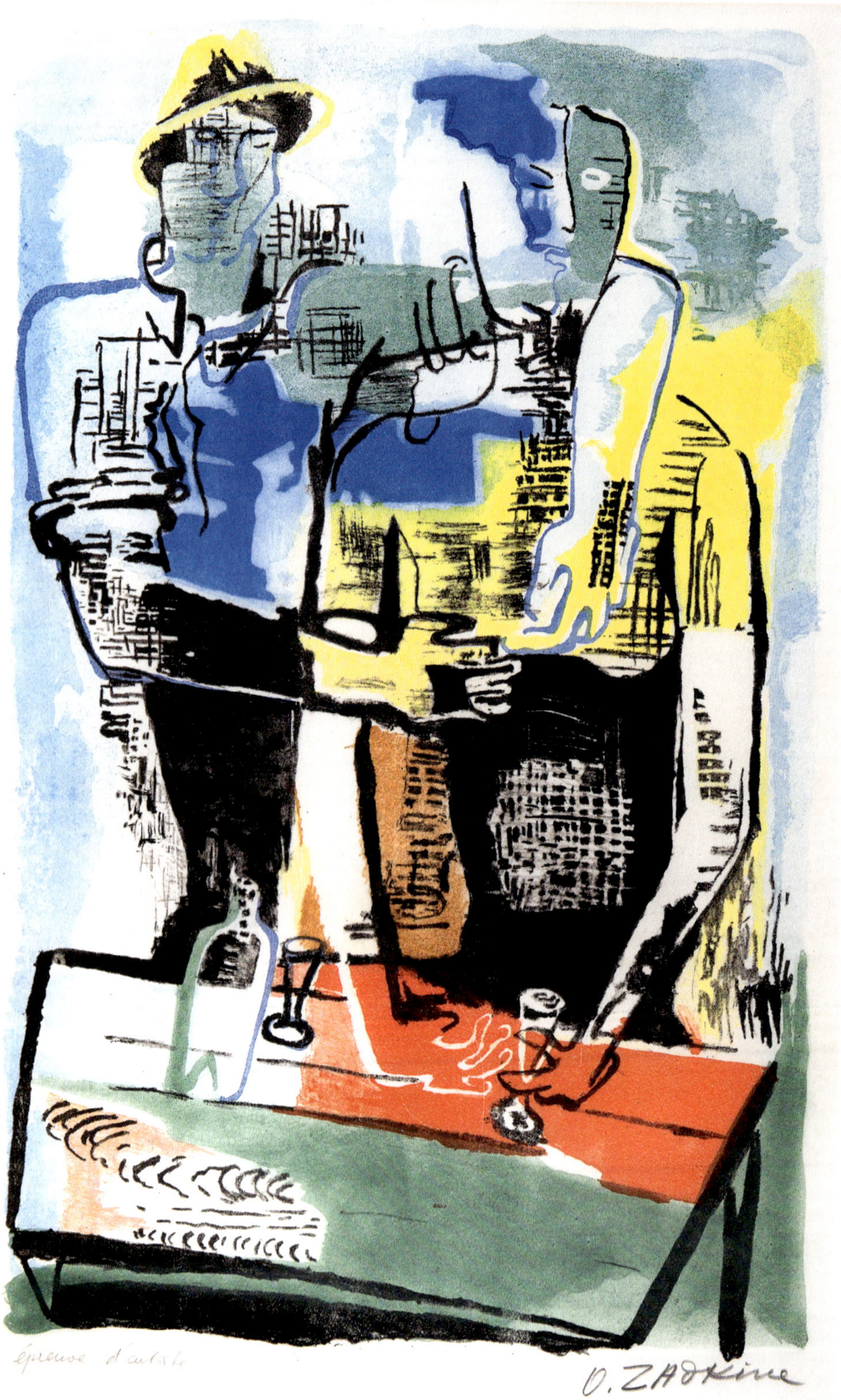

Boerenfeest | Peasant's Feast
1960
kleurenlitho | colour lithograph
62,5 × 42,3 cm
particuliere collectie | private collection

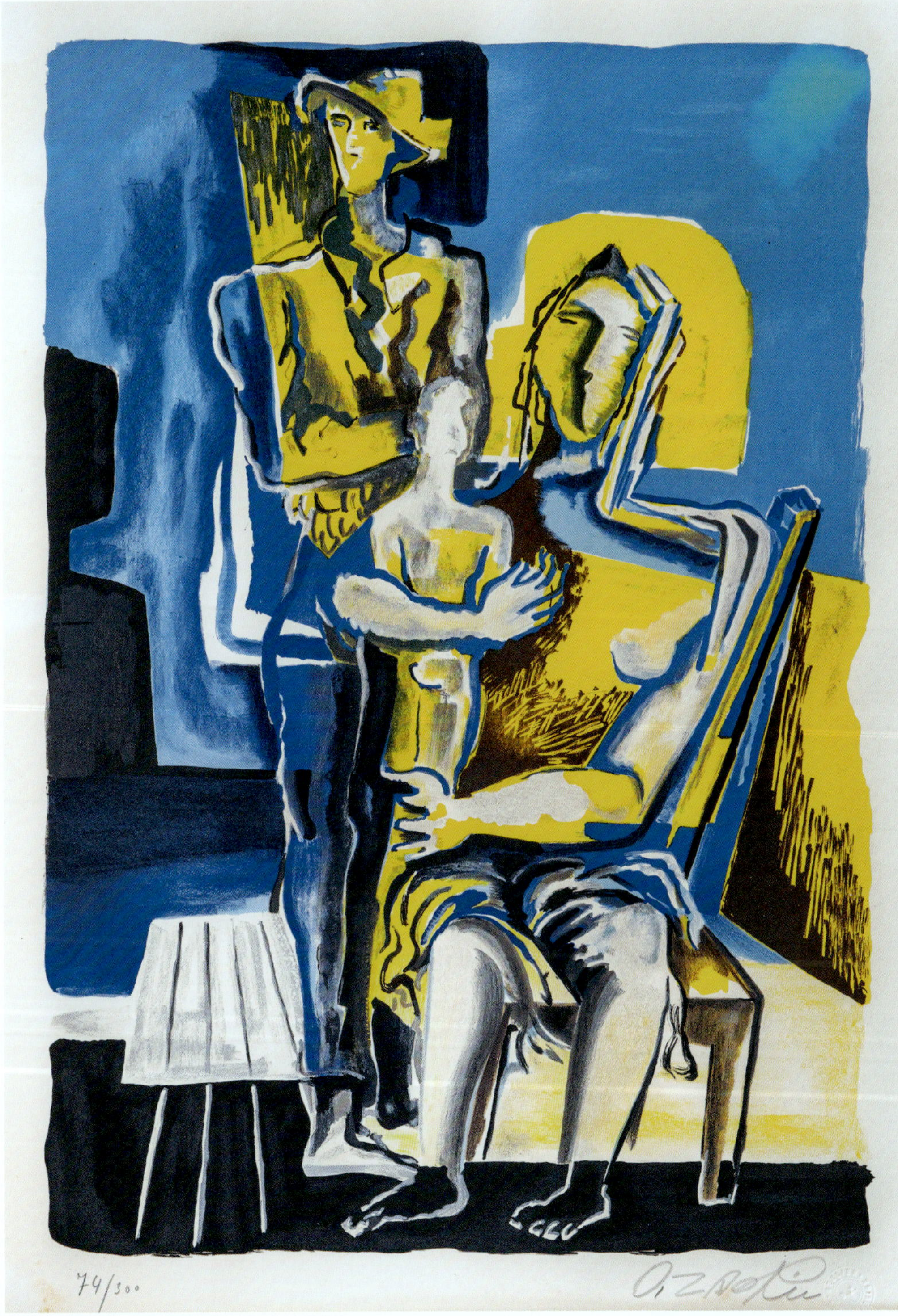

De familie | The Family
1967
kleurenlitho | colour lithography
60 × 43 cm
particuliere collectie | private collection

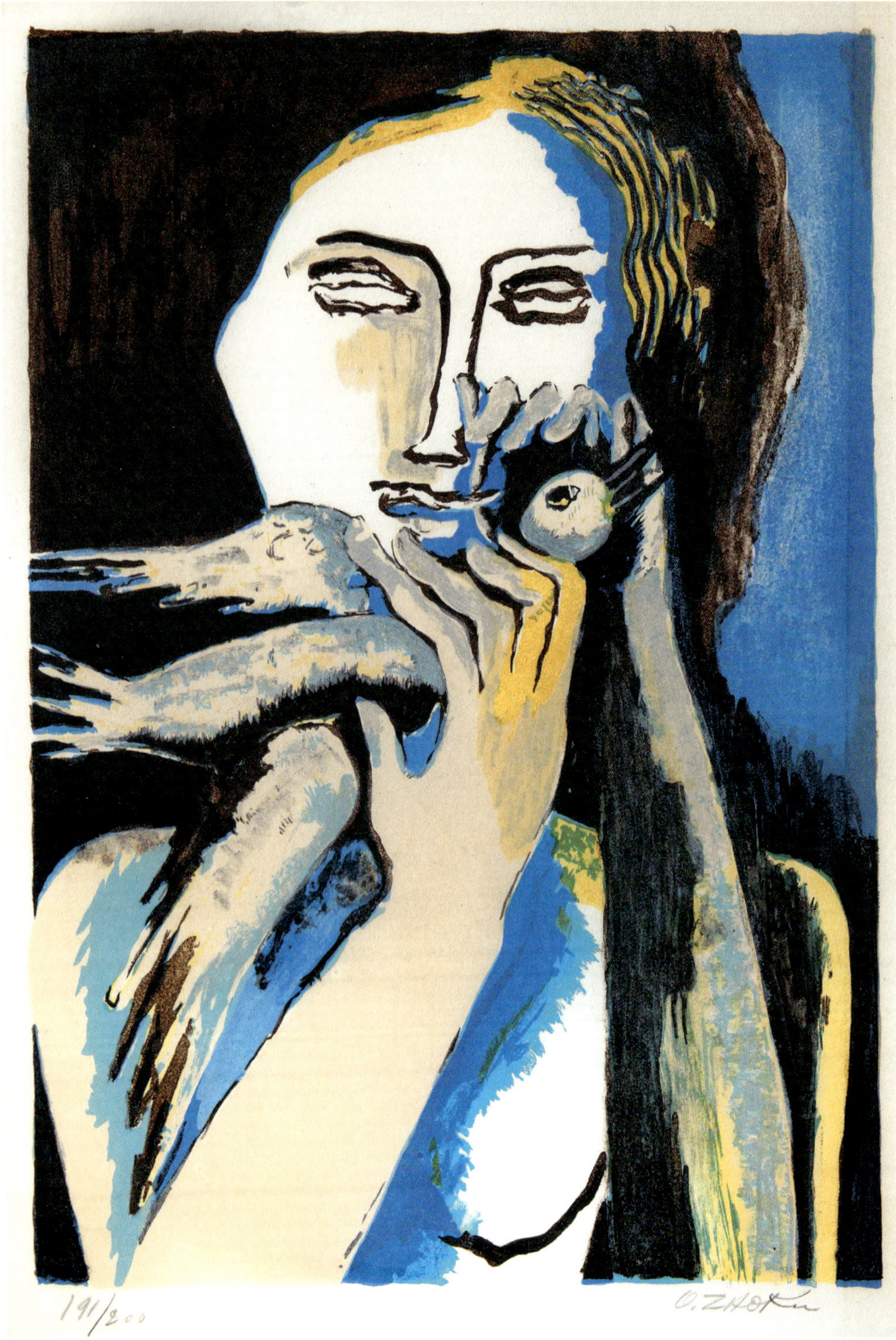

Meisje met duif | Girl with Dove
1967
kleurenlitho | colour lithography
71 × 56 cm
particuliere collectie | private collection

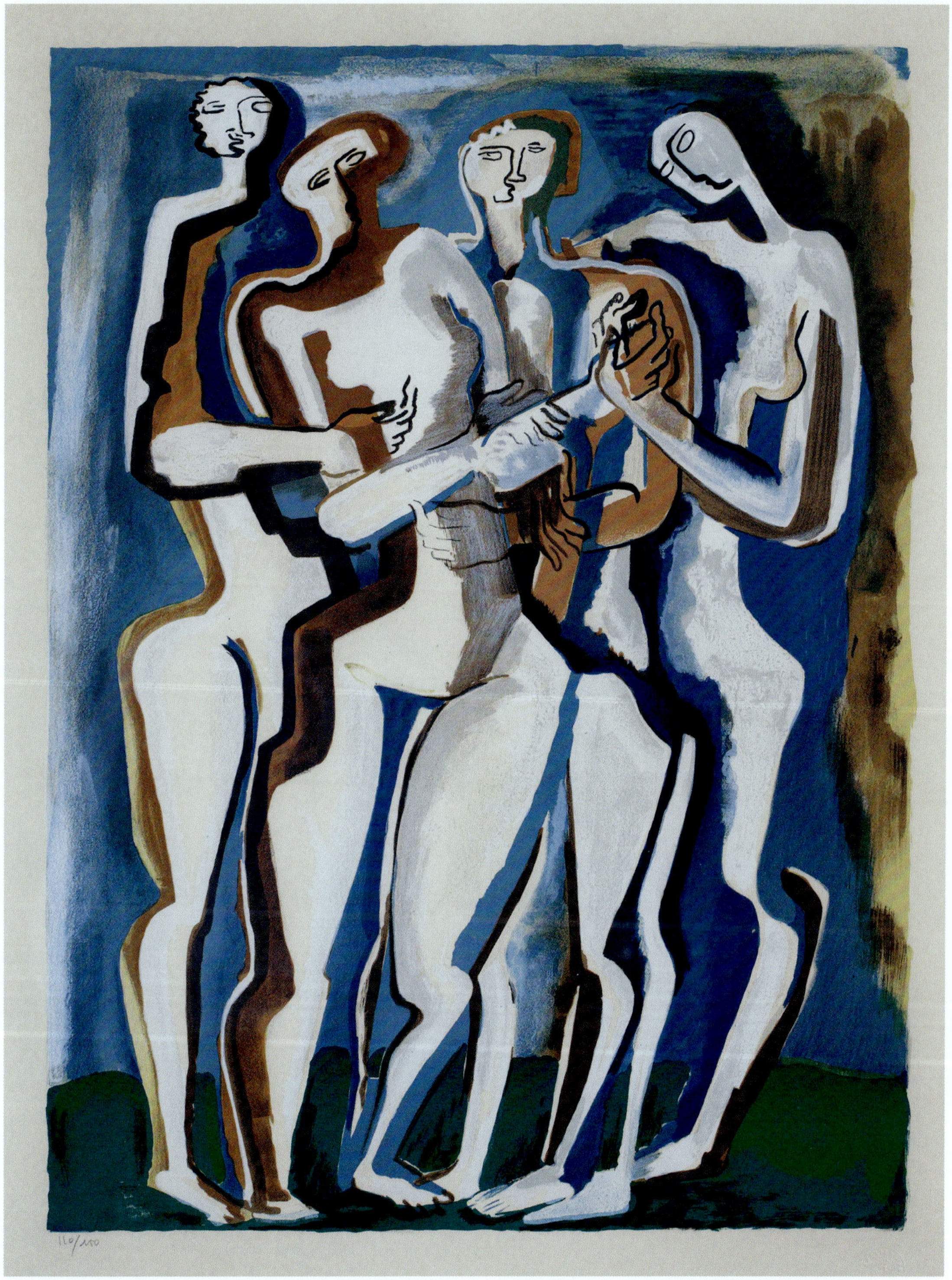

Vier personages | Four Figures
1967
kleurenlitho | colour lithography
76 × 57 cm
collectie | collection Lex & Leonie van de Haterd

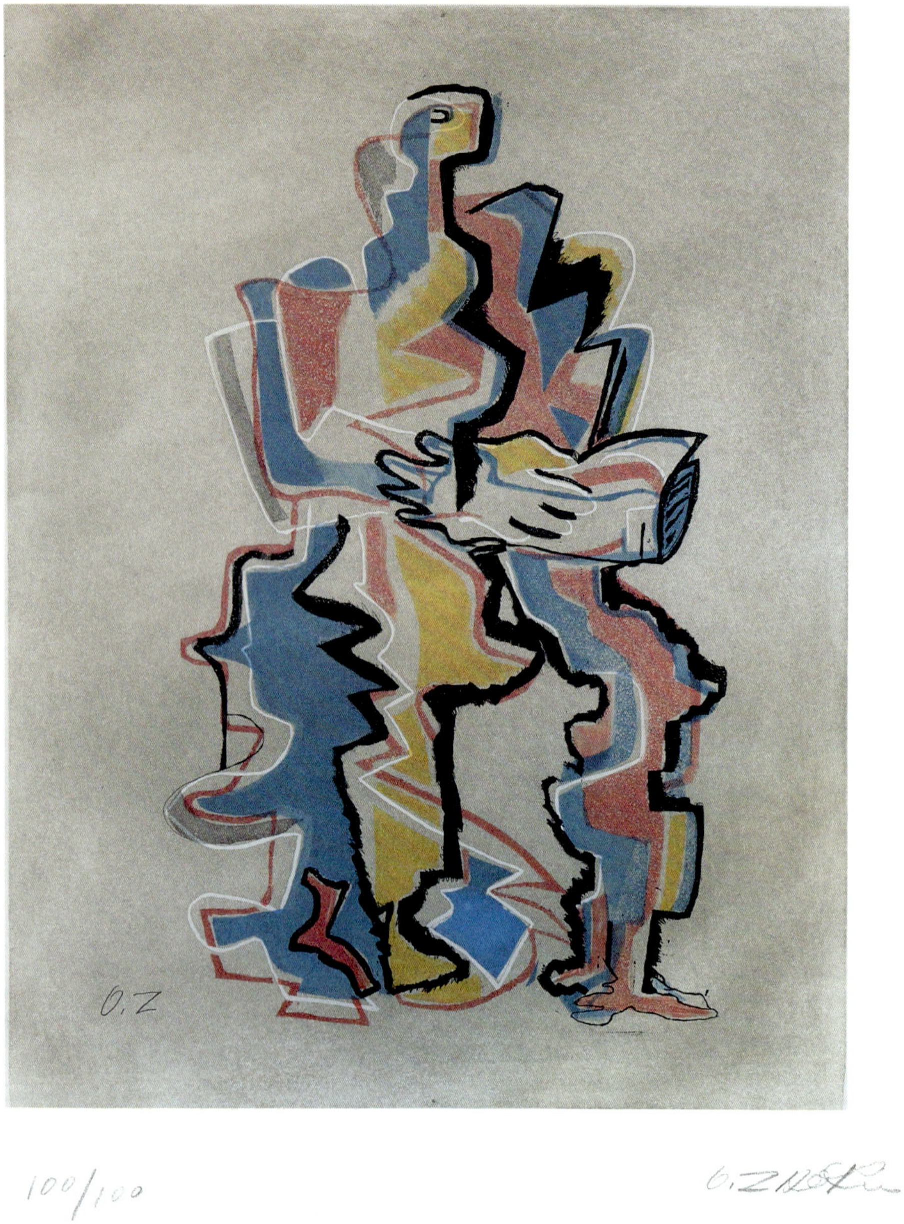

Zittende vrouw | Woman Sitting
1966
kleurenets | colour etching
45,8 x 36,5 cm
particuliere collectie | private collection

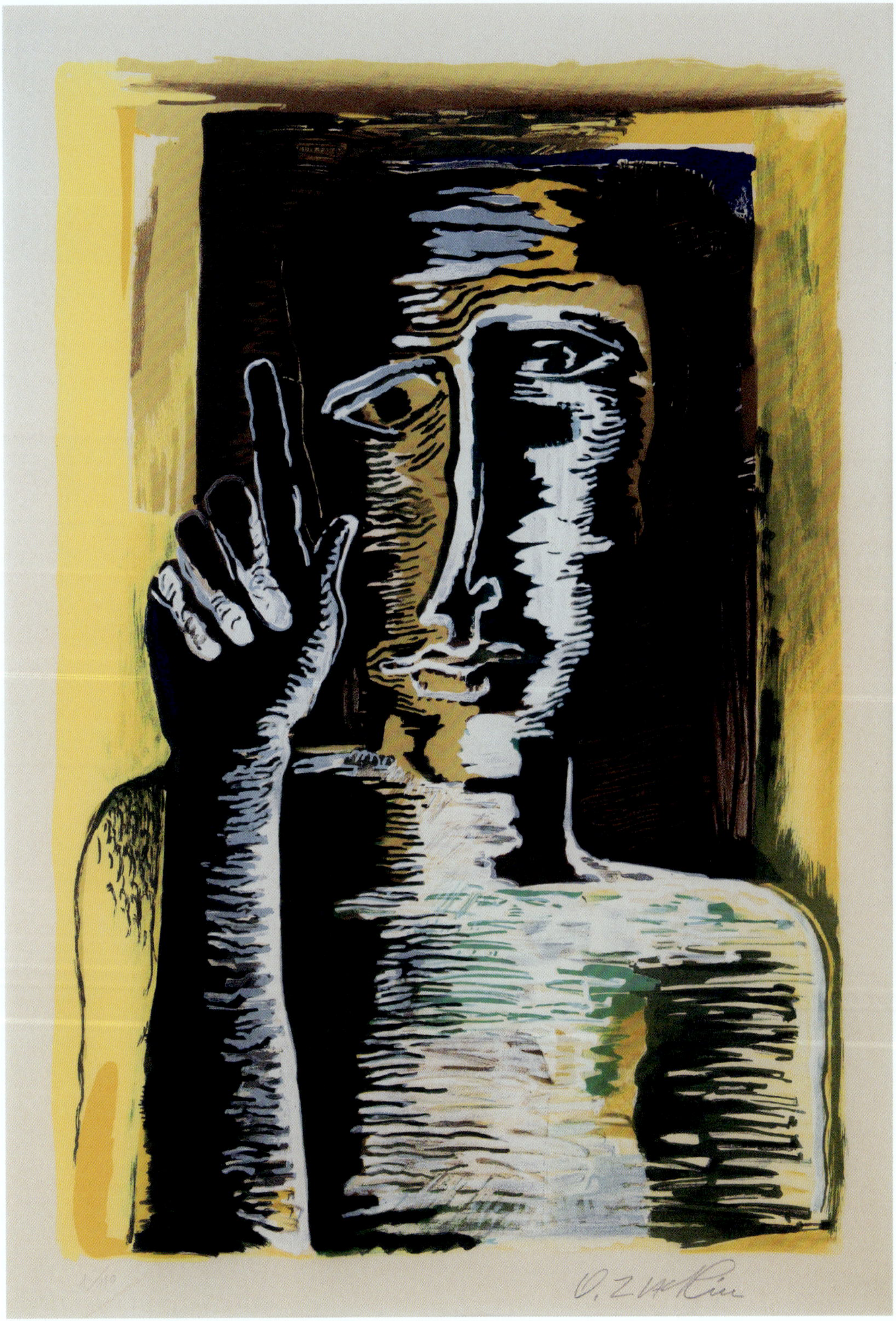

De mens | Man
1967
kleurenlitho | colour lithography
70 x 52 cm
particuliere collectie | private collection

> Ossip Zadkine in zijn atelier in de rue d'Assas 100, Parijs, 1967
Ossip Zadkine in his studio in the Rue d'Assas 100, Paris, 1967
(foto | photo: Sem Presser)

TIJDLIJN | TIMELINE

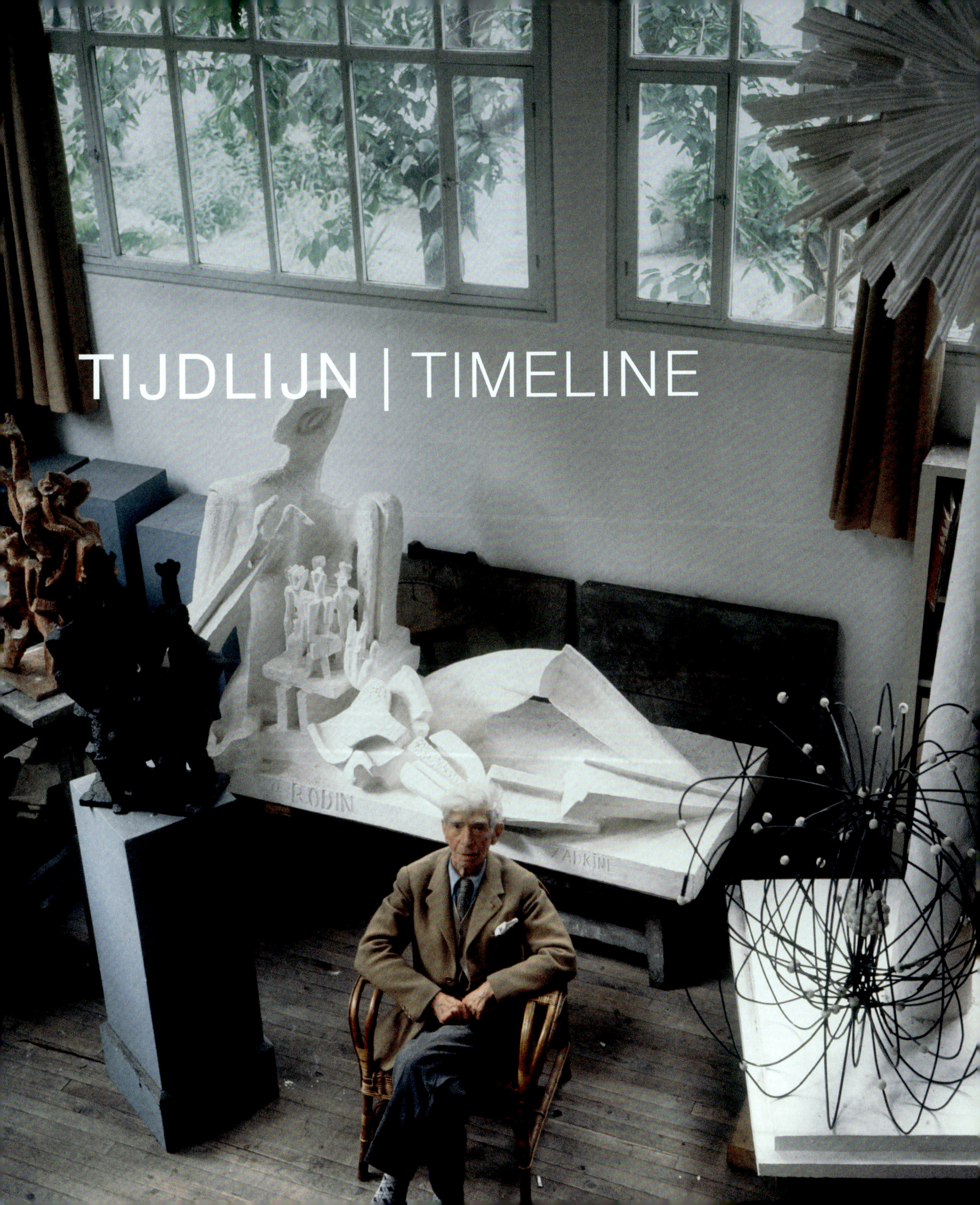

Recente ontdekkingen door het Zadkine Research Center en de Engelse kunsthistorica Cathy Corbett hebben aangetoond dat Zadkine met name de feiten over zijn jeugd in Rusland en zijn beginjaren als kunstenaar in Engeland en Parijs bewust heeft gemanipuleerd. In onderstaande biografie zijn deze ontdekkingen zo veel mogelijk verwerkt. In hoeverre andere door Zadkine verstrekte biografische gegevens juist zijn, zal verder onderzoek moeten uitwijzen.

1888 – Wordt geboren op 28 januari in Vitebsk, in het huidige Wit-Rusland, als eerste kind van een gezin met drie zonen en drie dochters. Zijn van oorsprong joodse vader is docent klassieke talen in Smolensk. Zijn moeder stamt uit een familie van scheepsbouwers.

1888-1905 – Groeit op in Smolensk en Vitebsk. Bezoekt de middelbare school in Vitebsk, waar Marc Chagall een van zijn klasgenoten is. Krijgt les in houtbewerking. Volgt tekenlessen met o.a. Chagall en El Lissitzky op de kunstschool van Yuri Pen. Tekent veel en boetseert zijn eerste beeldjes.

1905 – Gaat in de leer bij zijn oom Ossip ('Joseph') in Sunderland, een meubelmaker die vanuit Vitebsk naar Engeland is geëmigreerd. Maakt op de lokale kunstschool kopieën naar gipsen afgietsels van meesterwerken.

1907-1908 – Verhuizing naar Londen. Volgt de avondklas bij Gilbert Bayes aan de City and Guilds School. Snijdt overdag ornamenten in meubelateliers. Stapt over naar de Regent Street Polytechnic, waar hij naar levend model werkt. Maakt eerste zelfstandige sculpturen in sociaal-realistische stijl.

1909-1910 – Keert tijdelijk terug naar Rusland, waar hij doorgaat met het boetseren van figuren.

1910-1911 – Meldt zich op 6 december aan voor de École Nationale Supérieure des Beaux-Arts in Parijs. Boetseert naar model in de klas van Antonin Injalbert, maar verlaat de academie al na zes maanden. Maakt portretkoppen en enkele figuren in de stijl van Auguste Rodin.

1911 – Maakt zijn eerste werk *en taille directe*. Neemt deel aan de Salon de la Société Nationale des Beaux-Arts, de Salon des Indépendants en de Salon d'Automne. Woont in het ateliercomplex La Ruche in de Passage de Danzig. Veel contact met landgenoten via de Académie Russe in de Avenue du Maine.

1912 – Verhuist naar een atelier in de rue de Vaugirard 114. Ontdekt de romaanse beeldhouwkunst, wat leidt tot vereenvoudigde en gesloten vormen met een sterke expressie. Deelnames aan de Salon des Indépendants en de Salon de la Société Nationale des Beaux-Arts.

1913 – Doet op uitnodiging van de Allied Artists' Association mee

Recent discoveries by the Zadkine Research Center and the English art historian Cathy Corbett have revealed that Zadkine consciously manipulated facts about his youth in Russia and his early years as an artist in England and Paris. These discoveries have been taken into account as much as possible in the biography below. Further research is required to establish the reliability of other biographical details made known by Zadkine.

1888 – Born on 28 January in Vitebsk, in what is now Belarus, as the first-born in a family of three sons and three daughters. His father, of Jewish origin, teaches classical languages in Smolensk. His mother comes from a family of shipbuilders.

1888-1905 – Grows up in Smolensk and Vitebsk. Attends secondary school in Vitebsk, where Marc Chagall is one of his fellow pupils. Is taught woodwork. Attends drawing classes at the art school of Yuri Pen with, amongst others, Chagall and El Lissitsky. Spends a lot of time drawing and models his first sculptures.

1905– Is apprenticed to his uncle Ossip ('Joseph') in Sunderland, a cabinetmaker who had emigrated from Vitebsk to England. At the local art school, he makes copies of masterpieces in plaster.

1907-1908 – Moves to London. Attends evening classes given by Gilbert Bayes at the City and Guilds School. During the day, he carves ornaments in furniture ateliers. Transfers to the Regent Street Polytechnic, where he sculpts live models. Makes his first independent sculptures in a social-realistic style.

1909-1910 – Returns briefly to Russia, where he continues to model figures.

1910-1911 – Registers at the École Nationale Supérieure des Beaux-Arts in Paris on 6 December 1910. Sculpts figures in the class of Antonin Injalbert, but leaves the institute after just six months. Makes head portraits and several figures in the style of Auguste Rodin.

1911 – Creates his first works *en taille directe*. Takes part in the Salon de la Société Nationale des Beaux-Arts, the Salon des Indépendants and the Salon d'Automne. Moves to the atelier complex La Ruche in the Passage de Danzig. Intensive contact with compatriots via the Académie Russe in the Avenue du Maine.

1912 – Moves to an atelier in the Rue de Vaugirard 114. Becomes fascinated by Romanesque sculptures, which leads to him experimenting with simplified and closed forms with a strong expressive element. Takes part in the Salon des Indépendants and the Salon de la Société Nationale des Beaux-Arts.

1913 – At the invitation of the Allied Artists' Association, takes part

aan een groepstentoonstelling in Londen met drie werken *en taille directe*. Exposeert op de Salon d'Automne. Ontmoeting met de verzamelaar Paul Rodocanachi, die zijn eerste mecenas wordt. Vriendschap met de schilder en beeldhouwer Amedeo Modigliani en dichter Guillaume Apollinaire. Betrekt een groter atelier in de rue Rousselet 35.

1914 – Werkt voornamelijk in hout. Afbeelding van *Maternité (Moederschap)* (1912-1914) in het blad *Montjoie!* van André Breton n.a.v. zijn deelname aan de Salon des Indépendants. Neemt later dat jaar deel aan groepstentoonstellingen van de Freie Sezession in Berlijn, De Onafhankelijken in Amsterdam en de Allied Artists' Association in Londen. Bespreking van zijn werk door de beeldhouwer Henri Gaudier-Brzeska in *The Egoïst*.

1915 – Neemt met *La sainte famille (De heilige familie)* (1912-1913) deel aan een groepstentoonstelling in Galerie Chaîne et Simonson. Vriendschap met de schilder Henry Ramey.

1916 – Meldt zich op 24 januari bij het Franse leger aan als vrijwilliger. Wordt als brancarddrager ingedeeld bij het 1ste Buitenlandse Regiment. Komt in november als lid van de Russische ambulancedienst in de Champagne in een gifgasaanval terecht en wordt gehospitaliseerd.

1917 – Neemt in Parijs deel aan een culturele manifestatie van L'Association Lyre et Palette. Wordt in oktober met onbepaald verlof gestuurd.

1918 – Publiceert twintig etsen naar tekeningen van oorlogservaringen. Brengt de zomer door bij Ramey in het dorpje Bruniquel bij Montauban in Zuid-Frankrijk.

1919 – Publiceert zijn eerste gedichten. Kennismaking met schilderes Valentine Prax. Vriendschap met de dichters Max Jacob en Raymond Radiguet en de Belgische kunstcriticus André De Ridder, die een van zijn belangrijkste promotors wordt. Neemt met grote houten beelden deel aan de Salon d'Automne.

1920 – Eerste solotentoonstelling in zijn atelier in de rue Rousselet. Huwelijk met Valentine Prax in Bruniquel op 14 augustus. De schilder Léonard Foujita en zijn vrouw zijn getuige.

1921 – Groepstentoonstelling met Valori Plastici in de Nationalgalerie in Berlijn. Monografische publicatie bij Edizioni Valori Plastici. Laat zich in juni naturaliseren tot Fransman. Brengt voor het eerst de zomer door in zijn buitenhuis in Caylus, niet ver van Bruniquel. Deelnames aan Salon des Indépendants en Salon d'Automne. Solotentoonstelling in Galerie Barbazanges. Eerste museale aankopen met *Tête d'une jeune fille (Meisjeskop)* (1920) en *Le fauve (Het beest)* (1920-1921) door Musée de Grenoble.

1922-1928 – Experimenteert in sculpturen als *Formes et lumières (Vormen en licht)* (1922), *Accordéoniste (Accordeonspeler)*

in a group exhibition in London with three works made *en taille directe*. Exhibits at the Salon d'Automne. Meets the collector Paul Rodocanachi, who becomes his first *maecenas*. Develops friendships with the painter and sculptor Amedeo Modigliani and the poet Guillaume Apollinaire. Moves to a more spacious atelier in the Rue Rousselet 35.

1914 – Works predominantly in wood. Image of *Maternité (Motherhood)* (1912-1914) in André Breton's *Montjoie!* magazine following his participation at the Salon des Indépendants. Later that year, takes part in group exhibitions of the Freie Sezession in Berlin, De Onafhankelijken in Amsterdam and the Allied Artists' Association in London. Discussion of his work by the sculptor Henri Gaudier-Brzeska in *The Egoïst*.

1915 – Takes part in a group exhibition in Galerie Chaîne et Simonson with *La sainte famille (The Holy Family)* (1912-1913). Develops a friendship with the painter Henry Ramey.

1916 – Enlists as a volunteer for the French army on 24 January. Is assigned to the 1st Foreign Regiment as a stretcher bearer. While a member of the Russian ambulance corps in Champagne in November, is caught in a poisonous gas attack and is hospitalised.

1917 – Takes part in a cultural event organised by L'Association Lyre et Palette. Is sent on permanent leave in October.

1918 – Publishes twenty etchings from drawings of war experiences. Spends the summer with Ramey in the small village of Bruniquel close to Montauban in South-West France.

1919 – Publishes his first poems. Meets the painter Valentine Prax. Develops friendships with the poets Max Jacob and Raymond Radiguet and the Belgian art critic André De Ridder, who will become one of his most important promoters. Takes part in the Salon d'Automne with a large wooden sculpture.

1920 – First solo exhibition in his atelier in the Rue Rousselet. Marries Valentine Prax in Bruniquel on 14 August. The painter Léonard Foujita and his wife are witnesses.

1921 – Group exhibition with Valori Plastici in the Nationalgalerie in Berlin. Monographic publication for Edizioni Valori Plastici. Is naturalised as a Frenchman in June. Spends a summer for the first time in his country home in Caylus, close to Bruniquel. Participates in the Salon des Indépendants and Salon d'Automne. Solo exhibition in Galerie Barbazanges. First museum purchases of *Tête d'une jeune fille (Girl's Head)* (1920) and *Le fauve (The Beast)* (1920-1921) by Musée de Grenoble.

1922-1928 – Starts experimenting with cubist forms in sculptures such as *Formes et lumières (Forms and Light)* (1922),

(1924) en *La belle servante (De mooie dienstmeid)* (1926-1928) met een kubistische vormentaal.

1923 – Reist voor het eerst naar Italië. Tentoonstelling in Galerie Barbazanges met de groep La Douce France, exclusief gewijd aan beeldhouwkunst *en taille directe*. Eerste solotentoonstelling in Tokyo. Exposeert als invité met de Nederlandse Kring van Beeldhouwers in Rotterdam.

1924 – Maakt stenen *Vénus (Venus)* voor een fontein in de tuin van Isabelle Hope Nelson-Valle in Lenno aan het Comomeer. Begint met *Accordéoniste (Accordeonspeler)* weer gipsen beelden te maken, die in oplage worden gegoten in brons. Eerste solotentoonstelling in Brussel.

1925 – Overzichtstentoonstelling bij Galerie Barbazanges. Neemt als lid van La Douce France deel aan de *Exposition internationale des arts décoratifs et industriels modernes* in Parijs met een stenen reliëf van een draak. Werft in het najaar zijn eerste leerlingen.

1927 – Sluit tijdens een verblijf in Nederland vriendschap met de huisarts, verzamelaar en schilder Henk Wiegersma uit Deurne. Maakt in het Engelse Maresfield een groot houten tuinbeeld voor de schilder Edward Wadsworth en negen reliëfs in steen en hout voor de interieurontwerper André Groult in Parijs. Verkoopt zijn houten *Discobolo (Discuswerper)* (1928) en *Niobé* (Niobe) (1928) aan de Amerikaanse verzamelaar Bernard Davis, die ze later schenkt aan het Philadelphia Museum of Art.

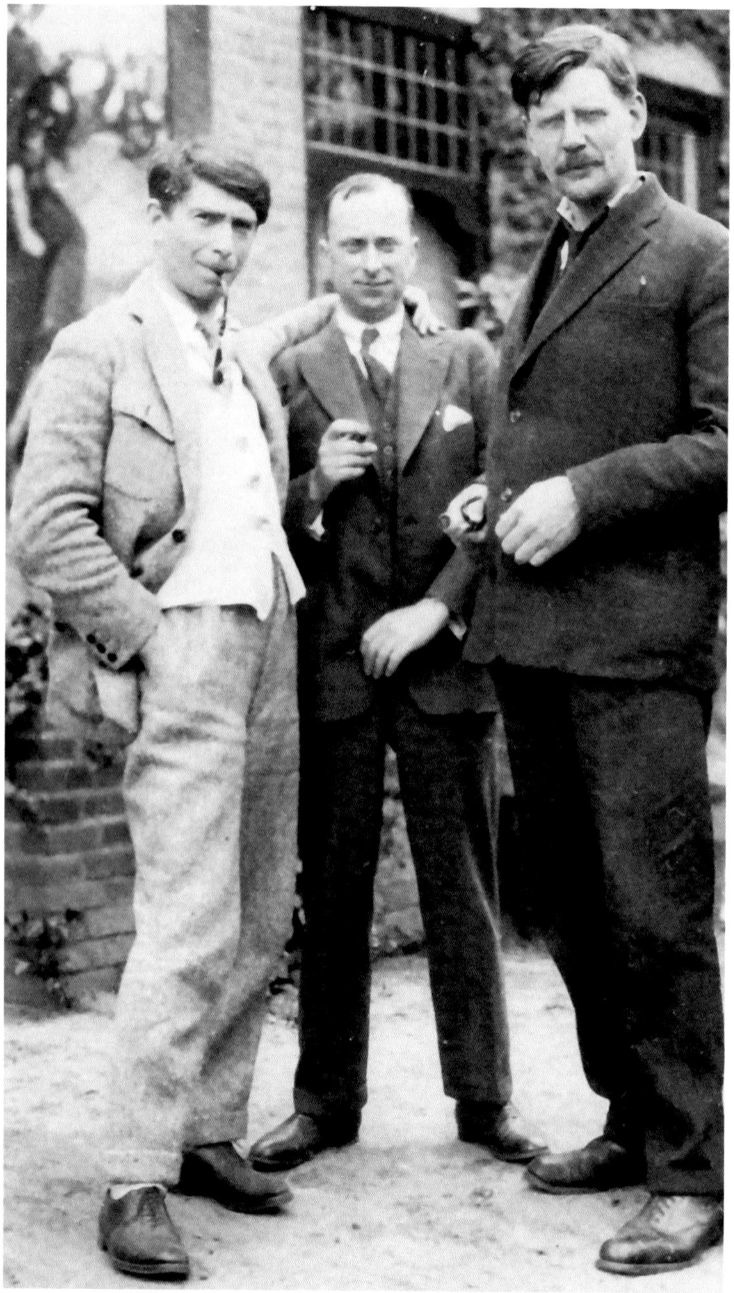

Ossip Zadkine met Joseph Cantré en Henk Wiegersma, Deurne 1927
Ossip Zadkine with Joseph Cantré and Henk Wiegersma, Deurne 1927

1928 – Verhuist naar de rue d'Assas 100. Neemt deel aan een groepstentoonstelling van moderne Franse kunst in Moskou. Heeft twee

Accordéoniste (Accordionist) (1924) and *La belle servante (The Pretty Maid)* (1926-1928).

1923 – Travels to Italy for the first time. Exhibition in Galerie Barbazanges with the La Douce France group, exclusively devoted to *en taille directe* sculptures. First solo exhibition in Tokyo. Invited to exhibit with the Nederlandse Kring van Beeldhouwers (Dutch Circle of Sculptors) in Rotterdam.

1924 – Sculpts *Vénus (Venus)* from stone for a fountain in the garden of Isabelle Hope Nelson-Valle in Lenno by Lake Como. Starts making sculptures in plaster again, the first being *Accordéoniste (Accordionist)*, cast in bronze as a numbered edition. First solo exhibition in Brussels.

1925 – Retrospective at Galerie Barbazanges. As a member of La Douce France, takes part in the *Exposition internationale des arts décoratifs et industriels modernes* in Paris with a stone relief of a dragon. Recruits his first pupils in the autumn.

1927 – During a stay in the Netherlands, develops a friendship with Henk Wiegersma, a family doctor, collector and painter from Deurne. In Maresfield, England, makes a large wooden garden sculpture for the painter Edward Wadsworth and nine reliefs in stone and wood for the interior designer André Groult in Paris. Sells his wooden *Discobolo (Discus Thrower)* (1928) and *Niobé (Niobe)* (1928) to the American collector Bernard Davis, who will later donate them to the Philadelphia Museum of Art.

groepstentoonstellingen en een solotentoonstelling in Londen.

1929 – Maakt drie reliëfs voor het huis van de architect Adrien Blomme in Brussel. Verkoopt zijn grote vergulde houten *Le cerf (Het hert)* (1923) aan de Nederlandse industrieel Pierre-Alexandre Regnault, die de sculptuur in bruikleen geeft aan het Stedelijk Museum Amsterdam. Publicatie over zijn werk door De Ridder.

1930 – Exposeert gouaches in The Arts Club in Chicago. Maakt een stenen *Femme à l'oiseau (Vrouw met vogel)* voor de tuin van het in Parijs wonende Amerikaanse echtpaar Stephen Greene en Sophie Victor. Maakt in Parijs het *Dubbelportret van Henk en Nel Wiegersma*.

1931 – Maakt een reis naar Griekenland, die van grote invloed is op zijn klassiek georiënteerde kunst in de jaren dertig.

1932 – Neemt voor het eerst deel aan de Biënnale van Venetië. Maakt groot reliëf voor een bioscoop in Brussel.

1933 – Eerste museale solotentoonstelling in het Palais des Beaux-Arts in Brussel met 139 sculpturen en 47 gouaches. Begint aan een grote *Homo Sapiens* (1933-1935) in hout.

1934 – Koopt een vervallen boerderij met schuur in Les Arques in de Lot, die wordt verbouwd tot buitenverblijf met atelier.

1935 – Reis naar Tsjechoslowakije. Solotentoonstelling in Manchester.

1936 – Aankoop van zijn bijna drie meter hoge houten *Orphée (Orpheus)* (1930) voor het Petit Palais in Parijs. Maakt in steen een *Femme agenouillée (Geknielde vrouw)* voor de tuin van het Nederlandse echtpaar Jaap de Graaff en Louise Bachiene in Beaussiet in de Landes.

1937 – Eerste reis naar de Verenigde Staten t.g.v. zijn solotentoonstelling in de Brummer Gallery in New York. Neemt deel aan de Wereldtentoonstelling in Parijs met o.a. een grote houten *Messager (Boodschapper)* (1937) en twee keramische reliëfs voor de Manufacture de Sèvres (1936-1937). Het Petit Palais toont 47 van zijn werken op de expositie *Maitres de l'art indépendant*.

1938 – Ontwerpt op eigen initiatief monumenten voor de dichters Guillaume Apollinaire, Comte de Lautréamont, Arthur Rimbaud en Alfred Jarry. Hakt uit hout een meer dan drie meter hoge *Diane* (1938-1939), die in 1948 wordt aangekocht door het Musée d'Art Moderne in Brussel.

1940 – Voltooit zijn ruim vijf meter hoge houten *Christ (Christus)* (1938-1940), die na aankoop door het Musée Nationale d'Art moderne in Parijs wordt geïnstalleerd in het kerkje van Les Arques.

1941 – Vlucht voor dreigende deportatie door de nazi's op 20 juni vanuit de haven van Lissabon naar New York. Valentine blijft achter in Les Arques. Betrekt na

1928 – Moves to the Rue d'Assas 100. Takes part in a group exhibition of modern French art in Moscow. Takes part in two group exhibitions and a solo exhibition in London.

1929 – Makes three reliefs for the Brussels home of the architect Adrien Blomme. Sells his large gilded wooden *Le cerf (The Deer)* (1923) to the Dutch industrialist Pierre-Alexandre Regnault, who lends the sculpture to the Stedelijk Museum Amsterdam. Publication on his work by De Ridder.

1930 – Exhibits gouaches in The Arts Club in Chicago. Makes a stone *Femme à l'oiseau (Woman with Bird)* for the garden of Stephen Greene and Sophie Victor, an American couple living in Paris. Makes a double portrait of Henk and Nel Wiegersma in Paris.

1931 – Travels to Greece, which is to have a major influence on his classically-oriented art in the 1930s.

1932 – Takes part in the Venice Biennale for the first time. Makes a large relief for a cinema in Brussels.

1933 – First museum solo exhibition in the Palais des Beaux-Arts in Brussels consisting of 139 sculptures and 47 gouaches. Starts work on a large *Homo Sapiens* (1933-1935) in wood.

1934 – Buys a run-down farmhouse with shed in Les Arques in the Lot, which he converts to a country house with atelier.

1935 – Travels to Czechoslovakia. Solo exhibition in Manchester.

1936 – Purchase of his just under three-metre high wooden *Orphée (Orpheus)* (1930) for the Petit Palais in Paris. Makes *Femme agenouillée (Kneeling Woman)* in stone for the garden of the Dutch couple Jaap de Graaff and Louise Bachiene in Beaussiet in the Landes.

1937 – First trip to the United States on the occasion of his solo exhibition in the Brummer Gallery in New York. Takes part in the World expo in Paris with, amongst others, a large wooden *Messager (Messenger)* (1937) and two ceramic reliefs for the Manufacture de Sèvres (1936-1937). The Petit Palais displays 47 of his works at the *Maitres de l'art indépendant* exhibition.

1938 – On his own initiative, designs monuments for the poets Guillaume Apollinaire, Comte de Lautréamont, Arthur Rimbaud and Alfred Jarry. Carves from wood a more than three-metres high *Diane* (1938-1939), which was purchased in 1948 by the Musée d'Art Moderne in Brussels.

1940 – Completes his five-metre high wooden *Christ* (1938-1940), which is purchased by the Musée Nationale d'Art moderne in Paris and later installed in the small church of Les Arques.

1941 – Flees threatened deportation by the Nazis on 20 June via the port of Lisbon to New York. Valentine stays behind in Les Arques. Aided by the Greene

bemiddeling door het echtpaar Greene een atelier in Charles Street 22 in de wijk Greenwich Village. Solotentoonstelling in Galerie Wildenstein. Ontmoeting met de keramiste Carol Janeway, die zijn geliefde wordt.

1942 – Solotentoonstellingen in Chicago en Philadelphia. Groepstentoonstelling *Artists in Exile* in de Pierre Matisse Gallery in New York. Verblijft tweeënhalve maand in Arizona.

1943 – Solotentoonstelling in de Curt Valentin Gallery in New York. Wordt docent op de Art Students League. Geeft lezing op de High School of Music and Art.

1944 – Exposeert *La prisonnière (De gevangene)* (1943) en een serie tekeningen in Galerie Bignou.

1945 – Doceert korte tijd op het Black Mountain College. Vaart begin september terug naar Frankrijk, waar hij aan het eind van die maand aankomt in Le Havre.

1946 – Begin van zijn docentschap aan de Académie de la Grande-Chaumière in Parijs, waar zijn lessen vooral veel studenten trekken uit de Verenigde Staten en andere buitenlanden. Maakt voor een tentoonstelling over moderne Franse sculptuur in Praag en Berlijn een (verloren gegaan) schetsontwerp voor *Monument à une ville détruite (Monument voor een verwoeste stad)*.

1947 – Maakt na een treinreis langs het gebombardeerde Rotterdam, op weg naar zijn vriend Wiegersma, een tweede ontwerp voor *Monument* à une ville détruite.

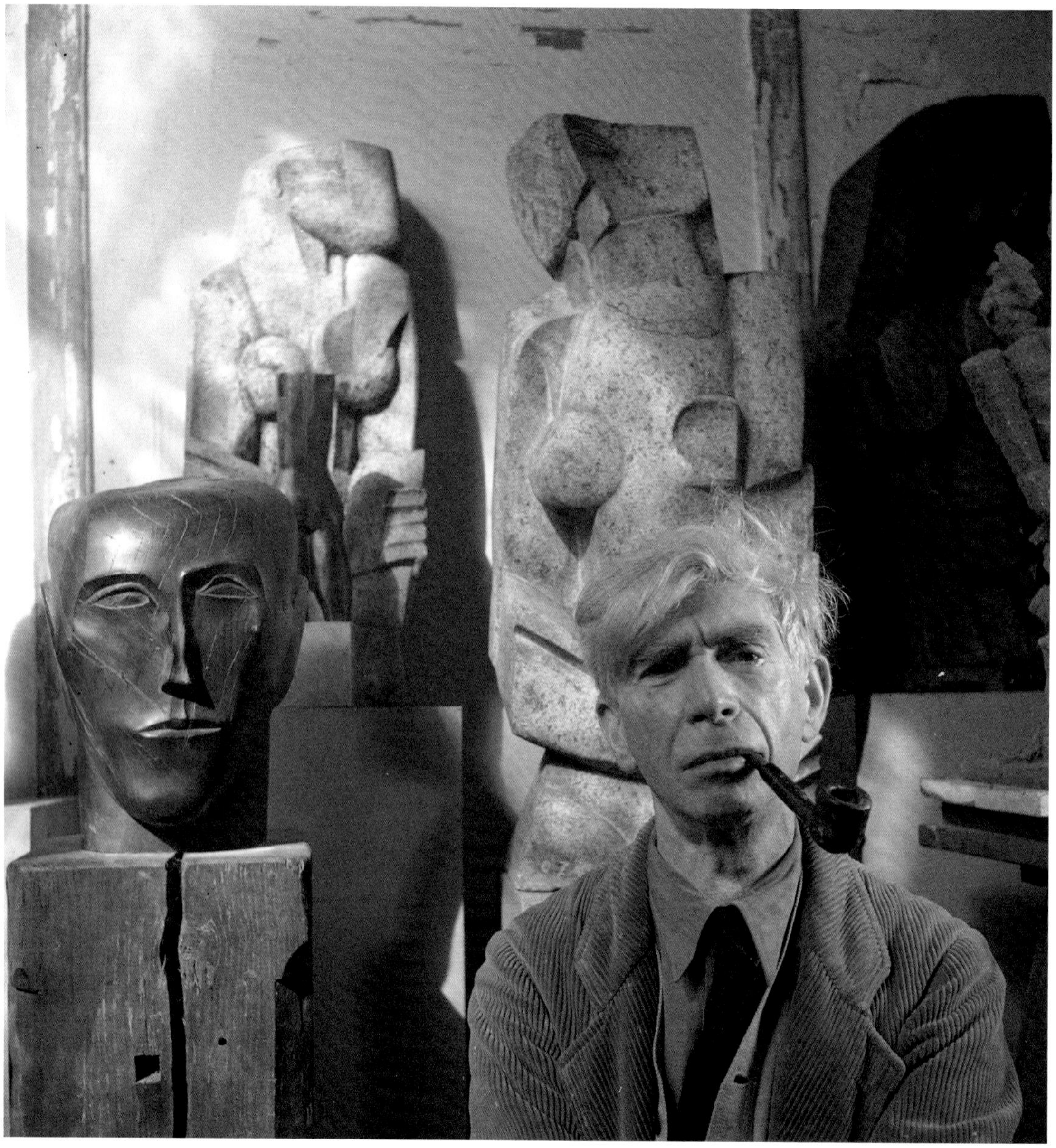

Ossip Zadkine in zijn atelier in de rue d'Assas 100, Parijs, 1948 | Ossip Zadkine in his studio in the Rue d'Assas 100, Paris, 1948 (foto | photo: Emmy Andriesse)

1948 – Solotentoonstelling in het Palais des Beaux-Arts in Brussel, die doorreist naar het Stedelijk Museum Amsterdam. Opening van The Ossip Zadkine Studio of Modern Sculpture and Drawing in de rue Notre-Dame-des-Champs 70, gericht op Amerikaanse studenten, in

couple, he finds an atelier in Charles Street 22 in Greenwich Village, where he lives and works. Solo exhibition in Galerie Wildenstein. Meets the ceramist Carol Janeway, with whom he later has a relationship.

1942 – Solo exhibitions in Chicago and Philadelphia. Group exhibition *Artists in Exile* in the Pierre Matisse Gallery in New York. Stays for ten weeks in Arizona.

1943 – Solo exhibition in the Curt Valentin Gallery in New York. Becomes a teacher at the Art Students League. Gives a lecture at the High School of Music and Art.

1944 – Exhibits *La prisonnière (The*

het bijzonder oorlogsveteranen. Luidt stilistische vernieuwing in met bronzen *Orphée (Orpheus)* als personificatie van de lyrische kunstenaar.

1949 – Overzichtstentoonstelling in het Musée Nationale d'Art Moderne in Parijs, die doorreist naar Museum Boymans in Rotterdam. Gerrit van der Wal, directeur van warenhuis De Bijenkorf, ontvouwt zijn plannen om *Monument à une ville détruite* in Rotterdam te realiseren.

1950 – Wint de Grote Prijs voor de Beeldhouwkunst op de Biënnale van Venetië. Solotentoonstelling in het Middelheimmuseum in Antwerpen.

1951 – Aankoop van grote houten *Saint Sébastien (Sint Sebastiaan)* (1929) door het Stedelijk Van Abbemuseum in Eindhoven.

1952 – Aankoop van grote houten *Rebecca* (1927) door Rijksmuseum Kröller-Müller in Otterlo. Solotentoonstelling op Curaçao.

1953 – Onthulling van *La ville détruite (De verwoeste stad)* (1947-1951) in Rotterdam. Eerste Duitse solotentoonstelling in Darmstadt.

1954 – Plaatsing van een grote houten *Christ (Christus)* (1951-1953) in de kerk van Caylus en een stenen *Baigneuse (Baadster)* (1939) op de Offenbachplatz in Keulen. Reizende solotentoonstelling in Japan. Overzichtstentoonstelling in het Gemeentemuseum in Arnhem.

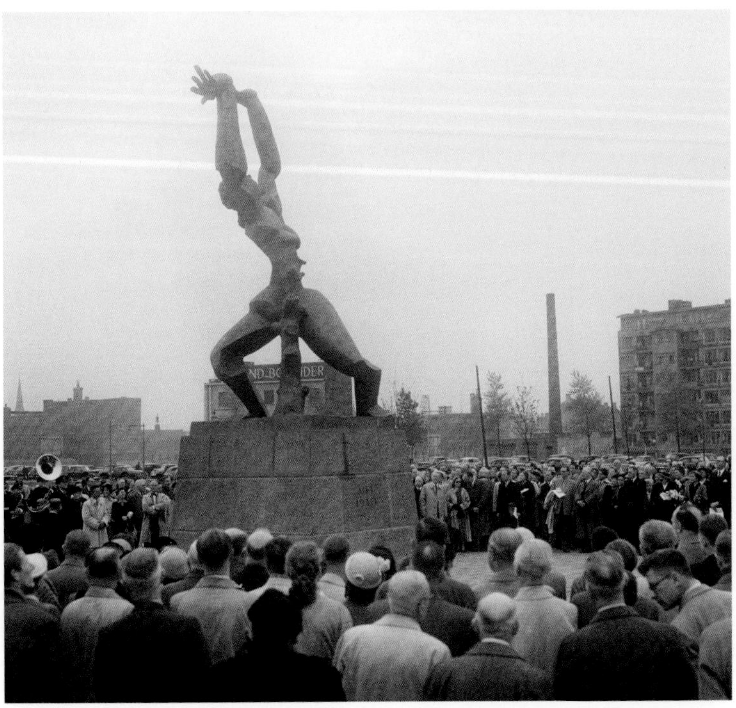

Onthulling van *De verwoeste stad*, Rotterdam, 15 mei 1953 | Unveiling of *The Destroyed City*, Rotterdam, 15 May 1953 (foto | photo: Van Duinen/Anefo)

Prisoner) (1943) and a series of drawings in Galerie Bignou.

1945 – Teaches briefly at the Black Mountain College. Sails back to France in early September, where he arrives in Le Havre at the end of that month.

1946 – Starts teaching at the Académie de la Grande-Chaumière in Paris, attracting many students from the United States and other countries outside France. For an exhibition about modern French sculpture in Prague and Berlin, makes a (now lost) sketch design for *Monument à une ville détruite (Monument to a Destroyed City)*.

1947 – After making a train journey through a bombed Rotterdam, on the way to meet his friend Wiegersma, makes a second design for *Monument to a Destroyed City*.

1948 – Solo exhibition in the Palais des Beaux-Arts in Brussels, which moves on to the Stedelijk Museum Amsterdam. Opening of The Ossip Zadkine Studio of Modern Sculpture and Drawing in the Rue Notre-Dame-des-Champs 70, geared towards American students, especially war veterans. Initiates a new stylistic direction with the bronze *Orphée (Orpheus)* as personification of the lyrical artist.

1949 – Retrospective in the Musée Nationale d'Art Moderne in Paris, which moves on to Museum Boymans in Rotterdam. Gerrit van der Wal, director of De Bijenkorf department store, unfolds his plans to have *Monument to a Destroyed City* installed in Rotterdam.

1950 – Wins the Grand Prize for Sculpture at the Venice Biennale. Solo exhibition in the Middelheimmuseum in Antwerp.

1951 – Purchase of large wooden sculpture *Saint Sébastien (Saint Sebastian)* (1929) by Stedelijk Van Abbemuseum in Eindhoven.

1952 – Purchase of large wooden sculpture *Rebecca* (1927) by Rijksmuseum Kröller-Müller in Otterlo. Solo exhibition on Curaçao.

1953 – Unveiling of *The Destroyed City* (1947-1951) in Rotterdam. First German solo exhibition in Darmstadt.

1954 – Installation of a large wooden *Christ* (1951-1953) in the church of Caylus and a stone *Baigneuse (Bather)* (1939) on the Offenbachplatz in Cologne. Travelling solo exhibition in Japan. Retrospective in the Gemeentemuseum in Arnhem.

1955 – Purchase of *Demeter* (1918) by the Van Abbemuseum in Eindhoven and *Phoenix* (1944) for the town hall in Arnhem. Makes a large aluminium relief for the Tomado factories in Etten-Leur. Publication of memories in *Voyage en Grèce* en *Trois lumières*. Assignment for a monument for Vincent van Gogh in Auvers-sur-Oise.

1956 – Completes his three-metre high wooden *Prometheus* (1955-1956). Travelling exhibition to Toronto, Montréal, Winnipeg, Vancouver, Seattle and San Francisco. Makes large bronze

1955 – Aankoop van *Demeter* (1918) voor het Van Abbemuseum in Eindhoven en *Phoenix (Feniks)* (1944) voor het gemeentehuis in Arnhem. Maakt een groot aluminium reliëf voor de Tomado-fabrieken in Etten-Leur. Publicatie van herinneringen in *Voyage en Grèce* en *Trois lumières*. Opdracht voor een monument voor Vincent van Gogh in Auvers-sur-Oise.

1956 – Voltooit zijn drie meter hoge houten *Prometheus* (1955-1956). Reizende tentoonstelling naar Toronto, Montréal, Winnipeg, Vancouver, Seattle en San Francisco. Maakt grote bronzen *Arlequin hurlant (Huilende harlekijn)* voor de gevel van modemagazijn N.V. Kattenburg in Haarlem en reliëfs met personificaties van *Musique (Muziek)* en *Poésie (Poëzie)* voor het Palais des Beaux-Arts in Charleroi.

1958 – Solotentoonstelling in Maison de la Pensée Française. Onthulling van een buste van *Vincent van Gogh* (1955) in het Waalse Wasmes.

1959 – Reizende solotentoonstelling in Japan. Begint aan een grote *Orphée (Orpheus)* (1959-1961) uit hout. Stopt met lesgeven aan de Académie de la Grande-Chaumière.

1960 – Uit zijn relatie met de Deense Annelise Hasle wordt op 6 maart zoon Nicholas geboren. Solotentoonstellingen in het Wallraf Richartz Museum in Keulen en de Städtische

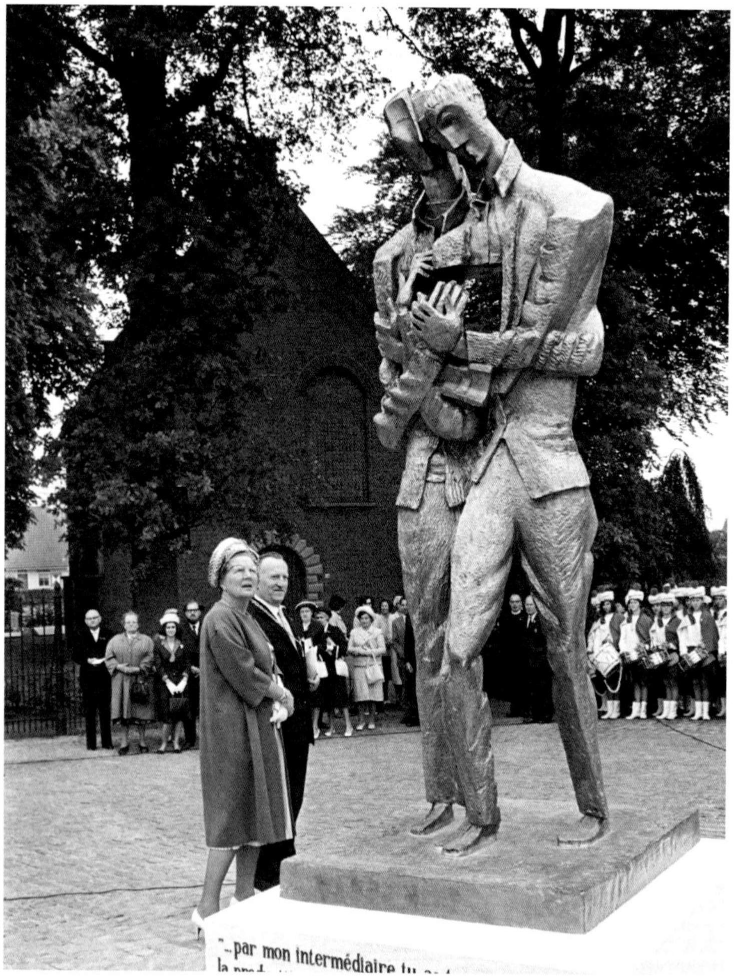

Koningin Juliana bekijkt Zadkine's *Monument voor Vincent en Theo van Gogh* in Zundert, 31 mei 1964 | Queen Juliana views Zadkine's *Monument to Vincent and Theo van Gogh* in Zundert, 31 May 1964

Kunsthalle in Mannheim. Maakt monumentale *La forêt humaine (Het menselijke bos)* (1960-1961) voor de Van Leer Foundation for the Advancement of Human Culture in Jeruzalem. Ontvangt de Grand Prix National des Arts. Plaatsing van *La prisonnière (De gevangene)* (1943) op het Westfriedhof in Keulen.

1961 – Solotentoonstelling in de Tate Gallery in Londen, die

Arlequin hurlant (Weeping Harlequin) for the facade of modemagazijn N.V. Kattenburg in Haarlem and reliefs with personifications of *Musique (Music)* and *Poésie (Poetry)* for the Palais des Beaux-Arts in Charleroi.

1958 – Solo exhibition in Maison de la Pensée Française. Unveiling of a bust of *Vincent van Gogh* (1955) in Wasmes, Wallonia.

1959 – Travelling solo exhibition in Japan. Starts work on a large *Orphée (Orpheus)* (1959-1961) in wood. Stops teaching at the Académie de la Grande-Chaumière.

1960 – Becomes father to a son, Nicholas, on March 6, from his relationship with the Danish Annelise Hasle. Solo exhibitions in the Wallraf Richartz Museum in Cologne and the Städtische Kunsthalle in Mannheim. Makes the monumental *La forêt humaine (The Human Forest)* (1960-1961) for the Van Leer Foundation for the Advancement of Human Culture in Jerusalem. Is awarded the Grand Prix National des Arts. Installing of *La prisonnière* (1943) on the Westfriedhof in Cologne.

1961 – Solo exhibition in the Tate Gallery in London, which moves on to Newcastle and Bristol. Unveiling of *Monument à Vincent van Gogh (Monument to Vincent van Gogh)* (1956) in Auvers-sur-Oise. Assignment for *La force atomique (The Atomic Power)* (1962-1963) for the new-build of the Faculté des Sciences de Marseille-Lumigny.

1962 – Gives a series of lectures at the Koninklijke Academie voor Schone Kunsten in Antwerp. Assignment from the Nederlandsche Bank in Amsterdam for *La demeure (The Dwelling)* (1963-1964). Solo exhibition in the Gemeentemuseum in Arnhem.

1963 – Personally unveils his *Les trois grâces (The Three Graces)* (1950) in a new-build area in

doorreist naar Newcastle en Bristol. Onthulling van *Monument à Vincent van Gogh (Monument voor Vincent van Gogh)* (1956) in Auvers-sur-Oise. Opdracht voor *La force atomique (De atoomkracht)* (1962-1963) voor de nieuwbouw van de Faculté des Sciences de Marseille-Lumigny.

1962 – Geeft serie lezingen op de Koninklijke Academie voor Schone Kunsten in Antwerpen. Opdracht van de Nederlandsche Bank in Amsterdam voor *La demeure (De woning)* (1963-1964). Solotentoonstelling in het Gemeentemuseum in Arnhem.

1963 – Onthult zelf zijn *Les trois grâces (De drie gratiën)* (1950) in een nieuwbouwwijk in Apeldoorn. Overzichtstentoonstelling in het casino van Knokke.

1964 – Publicatie van het boek *Zadkine* door Ionel Jianou met een oeuvrecatalogus van de beelden. Onthulling van *Monument à Vincent en Theo van Gogh (Monument voor Vincent en Theo van Gogh)* (1963) in Zundert.

1965 – Onthulling van *Poète (Dichter)* (1954) in Knokke en Bochum, *Orphée (Orpheus)* (1956) in Apeldoorn en *Prometheus* (1955-1956) in Frankfurt. Overzichtstentoonstelling in het Kunsthaus in Zürich. Maakt eerste *Sculpture pour l'architecture (Beeld voor de architectuur)*.

1966 – Onthulling van *Monument à Vincent van Gogh* (1965) in Saint-Rémy-de-Provence. Wordt benoemd tot Commandeur de la Légion d'Honneur.

1967 – Maakt een nieuwe en grotere versie van *Monument à Alfred Jarry (Monument voor Alfred Jarry)*, die een jaar later wordt onthuld in Laval. Presenteert in Galerie Lucie Weill in Parijs een serie fotomontages met monumentale vergrotingen van zijn modellen voor *Sculptures pour l'architectures (Beelden voor de architectuur)*. Sterft op 25 november in Neuilly-sur-Seine.

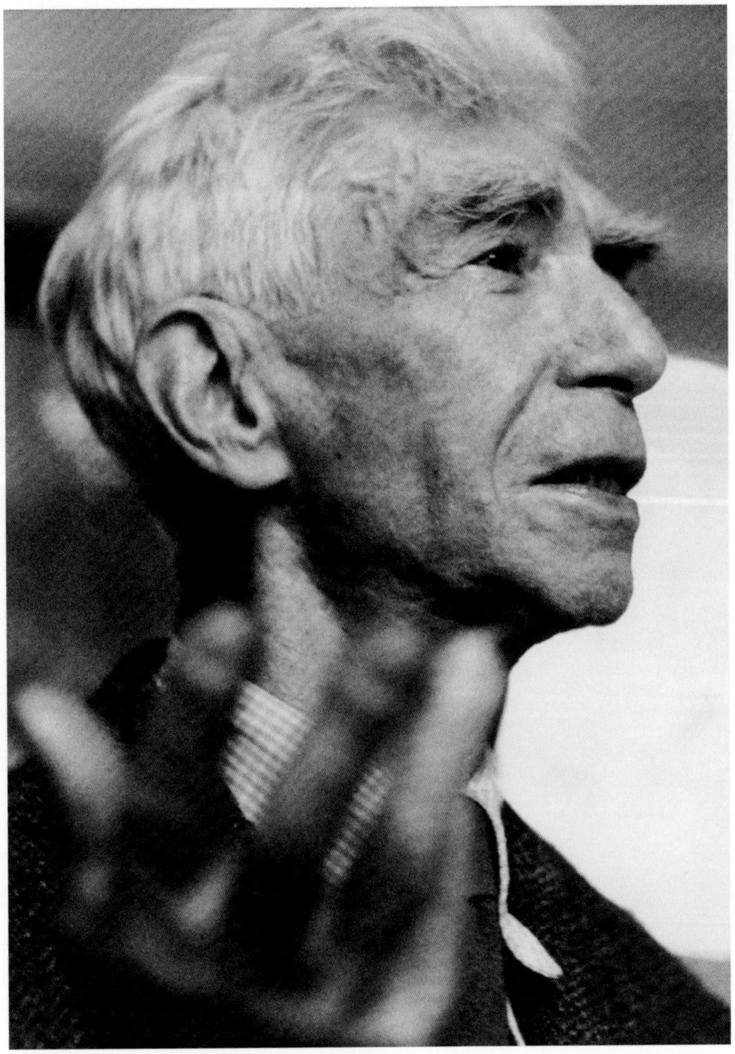

Ossip Zadkine, jaren 60 | Ossip Zadkine, 1960s

Apeldoorn. Retrospective in the casino of Knokke.

1964 – Publication of the book *Zadkine* by Ionel Jianou, with an oeuvre catalogue of the sculptures. Unveiling of *Monument à Vincent en Theo van Gogh (Monument to Vincent and Theo van Gogh)* (1963) in Zundert.

1965 – Unveiling of *Poète (Poet)* (1954) in Knokke and Bochum, *Orphée (Orpheus)* (1956) in Apeldoorn and *Prometheus* (1955-1956) in Frankfurt. Retrospective in the Kunsthaus in Zurich. Makes his first *Sculpture pour l'architecture (Sculpture for Architecture)*.

1966 – Unveiling of *Monument to Vincent van Gogh* (1965) in Saint-Rémy-de-Provence. Is appointed Commandeur de la Légion d'Honneur.

1967 – Makes a new and larger version of *Monument à Alfred Jarry (Monument to Alfred Jarry)*, to be unveiled a year later in Laval. Presents as a series of photo montages in Galerie Lucie Weill in Paris with extra-large sized versions of his models for *Sculptures pour l'architectures (Sculptures for Architecture)*. Dies on 25 November in Neuilly-sur-Seine.

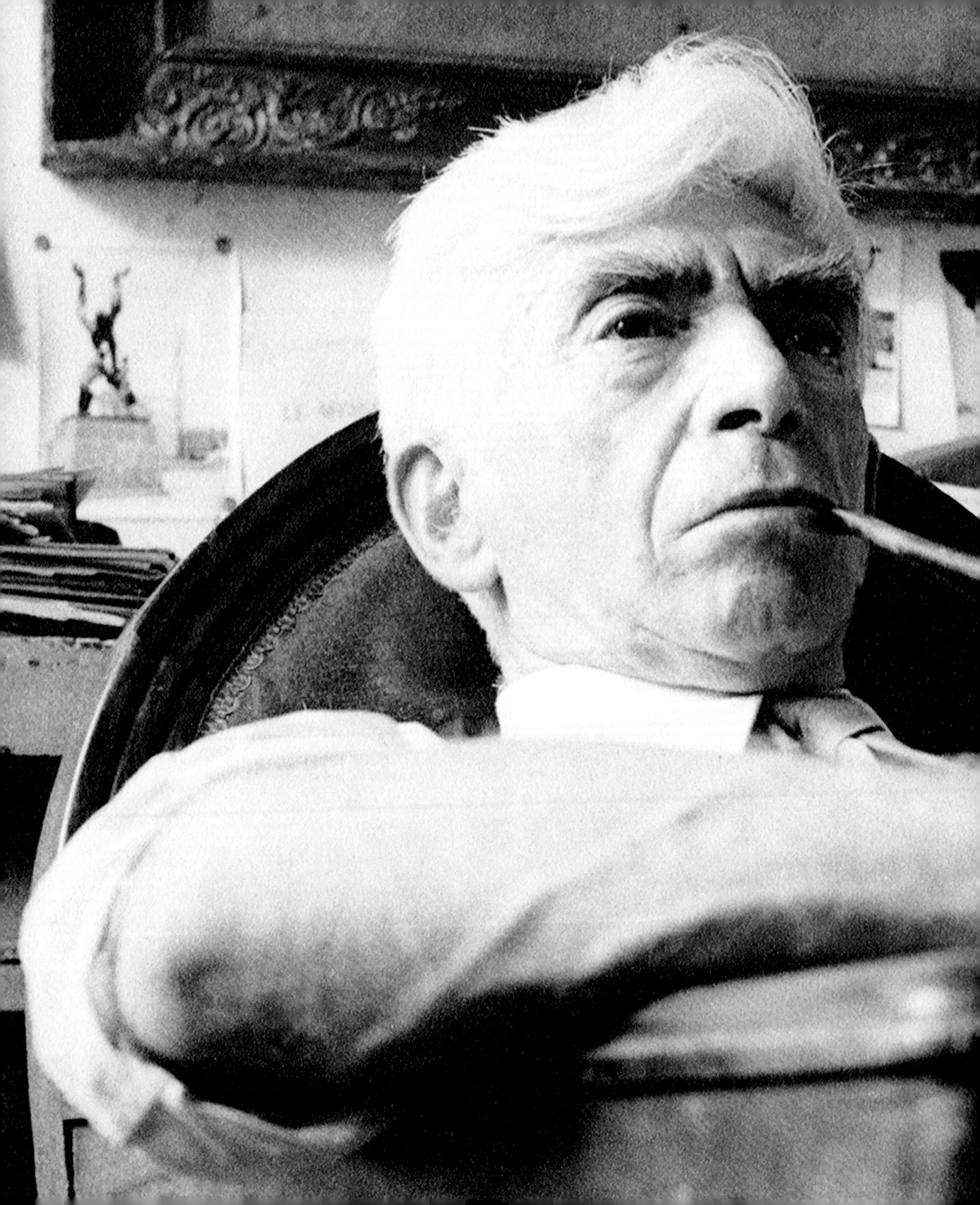

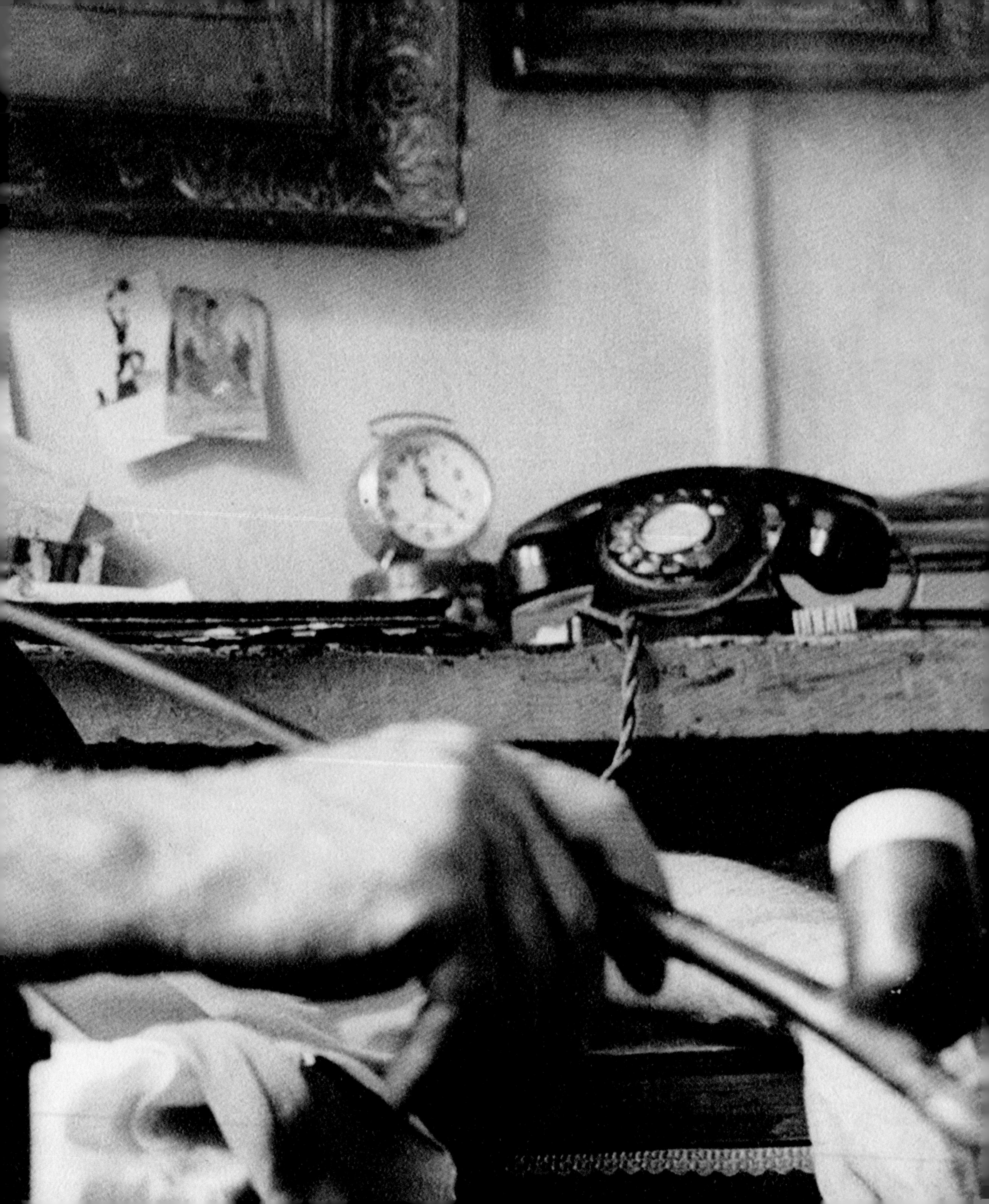

Deze uitgave verschijnt ter gelegenheid van de tentoonstelling 'Ossip Zadkine. Mens, Mythe & Metamorfose', 16 mei t/m 9 november 2025, Museum JAN, Amstelveen. | This book was published to accompany the exhibition 'Ossip Zadkine. Man, Myth & Metamorphosis', 16 May – 9 November 2025, Museum JAN, Amstelveen.

Uitgave | Publishers
Waanders Uitgevers, Zwolle

Auteur | Author
Feico Hoekstra

Vertaling | Translation
Kumar Jamdagni (Tijdlijn | *Timeline*)
Sue McDonell (overige teksten | *other texts*)

Fotografie | Photography
Alle werken van | All works by Ossip Zadkine: © Ossip Zadkine, c/o Pictoright Amsterdam 2025. Emmy Andriesse (Universiteitsbibliotheek Leiden): pp. 13, 106; Anoniem: pp. 16, 104, 108, 109, 110-111; Centre de Pech Merle: p. 25; Peter Cox: p. 67; Van Duinen/Anefo: p. 107; Piet Esser (RKD – Nederlands Instituut voor Kunstgeschiedenis): p. 2; Lex van de Haterd: pp. 11, 97; ING Collectie: p. 35; Yousuf Karsh (Camerapress): p. 26; Kunstmuseum Den Haag: p. 39; Musée Zadkine/Roger-Viollet: pp. 14, 18, 20; Museum Arnhem (Marc Pluim): 73; museum Beelden aan Zee (Wim de Boer): pp. 23, 41, 51, 53, 69, 77, 83, 85; Museum Belvédère (Nico Gijsbers): p. 43; Museum Boijmans Van Beuningen (Jannes Linders): p. 12; Museum de Fundatie: pp. 36, 59; Museum JAN: p. 75; Cas Oorthuys (Nederlands Fotomuseum): p. 31; Sem Presser (Maria Austria Instituut): p. 101; Jacob Leendert du Parant (collectie West-Brabants Archief): pp. 6-7; Benno Slijkhuis: pp. 33, 47, 55, 61, 63, 65, 71, 79, 93-96, 99; Stedelijk Museum Schiedam: p. 81; Zadkine Research Center: pp. 45, 49, 57, 105

Ontwerp | Design
Harald Slaterus

Lithografie | Lithography
Benno Slijkhuis, Wilco Art Books

Druk | Printing
Wilco Art Books, Amersfoort

ISBN 97 89 46 262 6348
NUR 644

www.waanders.nl
www.museumjan.nl

Met dank aan | With thanks to
Zadkine Research Center
Gallerie Quintessens, Utrecht

FSC
www.fsc.org
MIX
Papier | Ondersteunt verantwoord bosbeheer
FSC® C004472

museum JAN